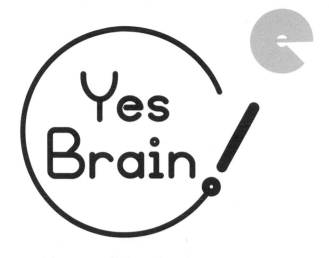

和孩子一起說「好」

正向思考，培養具有膽識、好奇心以及韌性的孩子

丹尼爾‧席格、蒂娜‧佩恩‧布萊森 ———— 著

王詩琪 ———— 譯

The YES brain

How to Cultivate Courage, Curiosity,
and Resilience in Your Child

Daniel J. Siegel & Tina Payne Bryson

獻給艾力克司（Alex）與馬蒂（Maddi），在創建 Yes 大腦教養法的人生道路上，你們是我最偉大的導師。

——丹尼爾・席格

　　獻給班（Ben）、路克（Luke）和 JP：你們的存在是我的摯愛，你們為這個世界帶來的光輝令我不勝欣喜。

——蒂娜・布萊森

我不懼怕風暴，因為我正在學習如何駕馭我的船隻。

——露意莎・梅・奧爾科特，《小婦人》

新時代的好腦袋

楊聰財／楊聰才身心診所院長、醫學博士、臨床教授

　　腦神經科學權威、暢銷書《第七感》作者丹尼爾，與親子教養專家蒂娜，繼《教養，從跟孩子的情緒做朋友開始：孩子鬧脾氣，正是開發全腦的好時機》、《教孩子跟情緒做朋友：不是孩子不乖，而是他的左右腦處於分裂狀態！》兩書之後，再度聯手，教導孩子一起向這個世界說「好」，保持開放的心面對新的挑戰、新的機會。

　　正向心理學（Positive Psychology）是美國心理學大師馬丁·賽利格曼（Martin Seligman）推動後，目前在國際間為追求身心健康，風起雲湧、引為主流的理念。本書也是以此思維做基礎，教導成人如何帶引小孩培養出具有「平衡力」、「韌性」、「洞察力」、「同理心」的 Yes Brain。不

僅是孩子，我想每個人都需要擁有這四項優勢能力的好大腦吧！

　　本書中有提到「Yes 大腦」與「No 大腦」，並且加以區別，這是很重要、需要加以了解的基本觀念。「Yes 大腦」的人：有彈性、好奇、有韌性、就算會犯錯，也願意嘗試新事物；對世界和人際關係敞開，幫助我們與他人連結並瞭解自己；發展出內在方向感，可以帶往真正的成功，因為他／她將內在世界放在優先順位，找出訓練大腦朝良性發展的方式，發揮出最高潛能。相對的，「No 大腦」的人：容易產生恐懼和不當的制式反應，僵硬和封閉，擔憂犯錯；傾向於聚焦在外在成就和目標，而不是內在努力和探索，雖可能會獲致獎狀勳章和外在成功，不過是藉由刻板地依附常規慣例和現狀所達成；變得善於取悅他人，卻損害自己大腦的好奇心和真正喜悅。

　　作者們在本書五個章節中除了具體闡述鍛鍊好每項能力的步驟，也持續地舉出案例加以說明，以便讀者們可以體會與演練。

　　至於是那幾項重要的能力要培養鍛鍊，以達到正向的Yes Brain？重點如下：

一、平衡力：創造穩定的情緒狀態與調節身體和大腦的能力，是一項需要學習才能得到的技巧。平衡力讓人進入綠色安全區，是孩子感到平靜、能夠掌控身體和決策的狀態。

二、韌性：是一種有餘裕的狀態，讓我們有力且清晰地穿越挑戰。讓孩子沐浴在四個「S」裡，讓他們感受到人身安全、被看見、被撫慰、穩固的心理安全感。

三、洞察力：向內觀看與理解自身的能力，然後運用我們所發現的，做出明智的決定，更好地掌握人生。可以練習擔任觀察場上「玩家」的觀眾。可以讓力量留在「暫停」裡，透過訓練，讓我們有機會理性又有通透性地選擇如何回應情況。

四、同理心：同理心的觀點讓我們深深記得，我們每一個人都不只是單獨的「我」，也是相互交織的「我們」的一部分。就像其他的能力，同理心可以透過日常的互動和經驗來學會。同理心是去了解其他人的觀點，並且有足夠的胸懷，願意去採取行動讓事情變好。

一本好書，值得閱讀！

作者序

「我希望能給孩子的好多好多：快樂、強韌的情緒素質、學業上的成功、社交技巧、強大的自我感，還有更多。我甚至不知道該從哪裡算起。究竟哪一項特徵才是最重要、最需要專注培養的，才能幫助他們活出一個幸福而有意義的人生？」

無論去到哪裡，我們總被問到類似的問題。家長希望幫助孩子成為即便面對人生挑戰，都能保持自我管理能力、可以做出明智決定的人。他們希望孩子能關心他人，同時又知道如何捍衛自己。他們希望孩子獨立，同時也能享受相互扶持的關係。他們希望孩子們在遭遇困難的時刻，有

能力不要垮掉。

呼！這清單可真長！而且也給我們這些做家長的（還有與兒童工作的專業工作者們）創造了不少壓力。那麼，我們應該把注意力聚焦在哪裡呢？

你手中的這本書，正是我們對這個問題嘗試做出的回覆。核心的想法是，家長們可以幫助孩子培養一個「Yes 大腦」，其中包含四種關鍵的特質：

平衡力：管理情緒和行為的能力，那麼孩子們便比較不容易崩潰失控；

韌　性：當遭逢生命中無可避免的難題與掙扎時，重新站起來的能力；

洞察力：向內覺察並理解自我的能力，接著善用他們所體察到的，去做出好的決策、更好地掌握住自己的人生；

同理心：理解他人觀點的能力，並且有足夠的關懷，在適當的時機採取行動，讓事情變好。

在接下來的篇章裡，我們將會為你介紹什麼是「Yes 大腦」，與探討一些幫助你的孩子培養出這些品質的實際作

法，教會他們這些重要的生命技能。你真的可以幫助你的孩子更加情緒平衡、在面對掙扎的時候更有韌性、在需要瞭解自己的時刻更加具有洞察力，並且更能同理與關心他人。

　　我們迫不及待想與你分享這項奠基於科學研究的教養方法。加入我們，享受這趟學習「Yes 大腦」的旅程吧。

丹尼爾與蒂娜

目錄

第一章

Yes 大腦簡介

這 本書是關於如何幫助孩童們向世界說「好」（Yes）。
鼓勵他們向新的挑戰、新的機會、向他們未來是誰、
與所有他們能夠成為的可能性敞開心胸。是關於賦予他們
一個「Yes 大腦」的一本書。

如果你曾經聽過作者丹尼爾的演講，有可能你會參與
過一個練習：他會邀請聽眾們閉上雙眼，並且在他重複述
說某個特定字眼時，留意自己的身體與情緒反應。起先，
他用略帶嚴厲的語調，一次又一次地說：「No」。他會重
複七次，然後改口，用溫柔許多的語調，重複說：「Yes」。
接著他會請觀眾們睜開眼睛，並詢問他們經驗到什麼。觀
眾們的回應是，在說「No」的練習時，他們感覺到封閉、

不舒服、緊張與武裝，然而當丹尼爾重複地說「Yes」時，他們感到敞開、平靜、放鬆，而且更輕盈。他們臉上的肌肉與聲帶放鬆下來，呼吸與心跳恢復正常，他們變得更敞開，不同於先前的受限、不安或反抗。（現在，也歡迎你閉上雙眼，自己嘗試這個練習。也許可以邀請一個家人或朋友來幫助你進行。去留意當你重複聽到「No」和「Yes」的時候，你的身體裡發生了哪些事？）

　　這兩種不同的反應 —— 說「Yes」時產生的反應與說「No」時產生的反應——幫助您一窺我們所要談論的「Yes大腦」的概念，以及它的反面：「No 大腦」。倘若你擴展這個概念，將它作為一種綜觀人生的觀點，那麼，當你與人互動時，一個 No 大腦會使你陷入**制式反應模式**（feeling *reactive*），變得幾乎不可能聆聽、做出明智決策，或是關心他人、與人創造連結。在你與世界互動與學習新知時，聚焦在生存與自我防衛的機制會開始啟動，使你感覺到警戒與封閉。你的神經系統進入「戰或逃、凍結或昏倒」的反應機制：「戰」意味著發動攻擊，「逃」意味著逃避，「凍結」意味著暫時切斷自己的行動能力，而「昏倒」則意味著垮掉，並陷入全然的無助感當中。這四種面臨威脅時的反應機制可以隨時被觸發，導致你無法敞開、與他人連結，

並給出具有彈性的回應。此即 No 大腦的反應狀態。

　　相反的，Yes 大腦來自大腦中的不同迴路系統，啟動時，會令人產生**接受性**（*receptivity*），而不是制式反應模式（reactivity）。科學家用「社會參與系統」（social engagement system）一詞來指涉這組令我們開放地與他人、甚至是與我們自身的內在經驗產生連結的神經迴路。接受性與活躍的社會參與系統所帶來的結果，是我們將更有能力以一種強健、清晰與彈性的方式去面對挑戰。在這樣的 Yes 大腦狀態下，我們敞開自我進入沉著與和諧，讓自己能夠消化吸收新資訊，並從中學習。

　　我們希望能在孩童身上培育出這樣的 Yes 大腦心態，那麼他們便能學著單純地將障礙與新的經驗視為有待面對與克服、並能從中學習的挑戰，而非動彈不得的阻礙。當孩童以 Yes 大腦的心態運作時，他們更有彈性、對折衷方案具有開放性、也更加願意冒險與探索。他們有更多的好奇心與想像力，較不害怕犯錯。同時，也不那麼僵硬與頑固，這會幫助他們更懂得處理人際關係，以及在面對逆境時，具備更強的適應能力與韌性。他們瞭解自己，行為處世有一套清晰的內在指引，也能夠用同樣的準則對待他人。在 Yes 大腦的引導之下，他們做得更多、學得更多、成就更多。

他們出於均衡的情緒能力向世界說「好」，歡迎生命供應給他們的一切——即便是在遭遇逆境的時刻。

　　我們要開宗明義地指出這項令人振奮的訊息：你擁有在你的孩子身上，培育出這樣的彈性、接納能力與韌性的力量。這些便是我們所謂的精神力量——賦予你的孩子一個強健的心智。但作法並非把你的孩子送去上一系列談論不屈不撓的精神與好奇心的課程，或是發動一連串冗長、激烈、緊盯住對方眼睛的對話。事實上，你所需要做的，就僅僅是每一天在你與孩子們的日常互動中實踐。只要將這本書接下來將要介紹給你的 Yes 大腦原則與課程內容記在腦中，你便可以利用與孩子相處的時間——開車送他們上學、吃晚餐、一起遊戲，甚至是爭吵的時刻——去影響他們回應環境或是與周遭人們互動的方式。

　　那是因為一個 Yes 大腦不僅只是一個觀念，或是某種瞭解世界的途徑。當然，它一方面確實是這樣的。它給予你的孩子一份內在指引，幫助他們帶著安全感與熱忱，面對生命的挑戰。它是由內煥發的力量的基底。然而另一方面，一個 Yes 大腦還是一種當我們以特定方式運作大腦時，會產生的神經系統狀態。藉由瞭解一些基本的大腦發展歷程，你便能創造出一個環境，有利於你的孩子有更多機會養成

擁有「Yes 大腦」的孩子看起來會是：

Yes 大腦。

　　我們接下來將會解釋，Yes 大腦的創造，來自於大腦中某個特定區域的神經活動，這個區域稱作「前額葉皮質」（prefrontal cortex），它與許多其他區域互聯，掌管較高層級的思維活動，促進好奇心、韌性、同理心、洞察力、開放性心態、問題解決、甚至是道德觀等能力。在孩子們成長與發育的過程中，他們可以學會更大幅地去接觸並且關注大腦這個區塊的功能。換句話說，你可以教導你的孩子如何去發展這個能夠支持精神力量的腦神經區塊。那麼最終，他們會更擅長控制自己的情緒和身體，同時也能更仔細地聽見來自內在的激勵，從而更加地活出自己。這便是我們真正想要談論的 Yes 大腦內涵：一種能夠幫助孩童（以及大人）開放地、有韌性地、有愛心地，並且真摯地接觸世界的神經系統狀態。

　　反之，一個「No 大腦」則是來自與前額葉皮質較少關聯的區域，更多是來自一種整合度較低的大腦狀態，它涉及到的是大腦較低層級、較原始的活動區塊。這種 No 大腦狀態，是當人們面臨威脅、或蓄勢待發準備攻擊時所啟動的狀態。因此，它是具有激烈的反應性的，自衛性地憂慮自己可能會犯錯，或者，這樣的疑慮可能會導致某種麻煩

擁有「No 大腦」的孩子看起來會是：

狀況。這還可能持續延伸成攻擊性，拒絕吸收新知或是抵抗來自他人的訊息。攻擊與拒絕，是 No 大腦的兩種主要處世態度。No 大腦在看待世界的時候，展現的心態是頑固、焦慮、競爭與威脅，這使人較難以掌控困境，或是達成對自身或他人的清晰理解。

　　以 No 大腦狀態接觸世界的孩子，是受到他們身處的環境或情感所擺佈的孩子。他們卡在情緒裡，無法轉換心情，寧可抱怨現實，而不是去尋找健康的回應方式。他們通常在面對新事物或犯錯之時難以抑止地充滿憂慮，而不是以 Yes 大腦式的開放和好奇精神來做出決策。在 No 大腦的狀態底下，「頑固」通常是生活的主導者。

　　上述情形是否也是你家中熟悉的場景呢？假如你有孩子，答案可能是肯定的。事實上，我們都會陷入 No 大腦狀態——大人小孩都一樣。偶爾變得僵硬或反應過度，是人都無法百分之百避免的情況。然而，我們可以去學會理解它。那麼我們便能夠習得一些方法，在孩子們脫離 Yes 大腦狀態時，迅速地幫助他們重返。更重要的是，我們可以給出工具，讓他們自己也能做到。比起較年長的孩童或成人，年幼的兒童更容易進入 No 大腦狀態。對一個三歲兒童來說，無止盡的 No 大腦狀態是很典型，以發育階段來說也是

很正常的現象——比如說她會因為口琴濕了而憤怒地哭吼，就算那個將口琴丟進裝滿水的水槽裡的人就是**她自己**！但是隨著年紀漸長，在發育的過程中，我們可以支持孩子發展出自我調節的能力、從困境中站起、理解自己的經驗，並且體貼他人。那麼，一個 No 大腦將會越來越傾向變成一個 Yes 大腦。

　　現在，讓我們花幾分鐘的時間思考一下。假若你的孩子能免於 No 大腦的反應狀態，而以 Yes 大腦狀態出發，更好地面對日常生活中的每個狀況——兄弟姊妹吵架時、關掉電子遊戲設備時、需要聽從指揮時、為家庭作業困擾時、為了睡覺時間討價還價時——你家中的景象會有多大改變？如果他們不再那麼執拗和頑固，在不如意的時候更有能力調整自己，那將會有什麼不同？如果他們歡迎新的經驗，而非恐懼它們，會是如何？如果他們更能辨別清楚自己的感受、更有能力同理與關心他人，又會是如何？他們是不是就能快樂許多？那麼全家人是不是也能快樂許多、平靜許多？

假如你的孩子以 Yes 大腦狀態去應對每天的生活，你家中的景象會有多麼大的改變？

　　這便是本書想要帶給大家的：透過給予空間、機會與工具，幫助你的孩子培養出一個 Yes 大腦，成為能夠敞開自我來接觸世界、完整而真實地活出自己的人。我們以此種方式，幫助孩童發展出健壯的精神與韌性。

栽培 Yes 大腦並非意味著縱容

　　讓我們先從釐清什麼「不是」Yes 大腦談起。Yes 大腦不是一天到晚都只對孩子說「好」。它不是放縱或讓步，或避免他們被失望所傷，也不是要將他們從困難的情況中搶救出來。更不是去養出一個凡事順從、呆板地追隨父母，而不懂為自己思考的孩子。相反地，我們所要的，是幫助孩子開始去認識到自己是誰、即將成為什麼樣的人，於是他們有能力克服失望與挫敗，並且選擇一個充滿連結與意義的人生。在本書第二章與第三章的內容中，我們將著眼在：讓孩子們理解到挫折與困頓是生命固有的一部分的重要性——並且在他們經歷這個課題時提供支持。

　　終究，養成 Yes 大腦的成果，並不在於成為一個時時開心、或是從來沒有經歷過困難與負面感受的人。這完全不是重點所在。這並非生命的目的，而且也不實際。Yes 大

腦並不是要通往某種天堂或完美的境地，而是一種即使處在人生的風雨當中，也能找尋到喜悅與意義的能力。它讓一個人感覺到扎根與自我理解、有彈性地學習

Yes 大腦不是一天到晚都只對孩子說好。它不是放縱或讓步，或是避免他們被失望所傷，也不是要將他們從困難的情況中搶救出來。更不是去養出一個凡事順從、呆板地追隨父母，而不懂為自己思考的孩子。相反地，我們所要的，是幫助孩子開始去認識到自己是誰、即將成為什麼樣的人，於是他們有能力克服失望與挫敗，並且選擇一個充滿連結與意義的人生。

與適應、並以一種帶著使命感的方式生活。它最終所達成的，將不僅僅是從困境中倖存，尤有甚者，是超越困境，並因此變得更有力量與智慧。這會是他們為自己的人生樹立意義的途徑。從 Yes 大腦狀態出發，他們也將擁有與自己的內在世界、與他人、與世界交流的能力。這便是我們所謂的，擁有一個具連結感的人生、和知曉自己是誰的意義。

　　當孩童與青少年發展出保持冷靜沉著的能力 —— 藉由學習在 No 大腦狀態啟動之後，仍有能力重返 Yes 大腦狀態

的技巧——我們等於已經給了他們一項養成韌性的重要元素。古代希臘人用「*eudaimonia*」（至福）一詞來描述一種幸福，這種幸福之中，包含了意義感、連結感，與平靜的滿足感。這份「希臘式至福」是我們能送給孩子的，最長久、也最能賦予力量的禮物之一。假如我們允許孩子們在個人的獨特性中成長圓熟，在沿路上提供支持、協助建立技巧，這將有助於創造出那種我們能為孩子做好準備的成功人生。當然，這有賴於我們在自身的 Yes 大腦上下功夫。

　　讓我們面對現實：就許多方面來說，孩童們是成長於一個 No 大腦的世界的。試著想想在一所傳統學校裡的一天：充滿了規範與條約、標準化的考試、死記硬背、還有一體適用的管教標準。呼！孩子們得每天六小時、每週五天、每年九個月地面對這一大堆？唉。不僅如此，還得再算上我們大多數家長強加在孩子頭上的滿滿行程，各種用來「充實人生」的才藝課程、家教和其他活動，使得孩子必須犧牲睡眠時間，熬夜做功課，因為白天的時間都已被「充實人生」的課程占據，忙得沒空寫作業。若是再把如今已然鋪天蓋地的電子媒體現象考慮進來，二十四小時不間斷地以各種聲光刺激吸引孩子們的注意力，提供一種古希臘人稱之為「*hedonia*」（歡樂）的短暫愉悅，我們便不難理解，

在這樣的現代社會中，培養出一個「Yes 大腦」，讓孩子們有力量得到真正且能長久延續的「希臘式至福」，生活在意義感、連結與祥和當中，是格外重要的一件事。

這些電子聲光娛樂和忙碌的行程表，通常屬於造成 Yes 大腦思維難以被觸發——有時甚至會被淹滅——的經驗。它們有些也許真的能帶來一些令人感到充實的經驗，有些則也許是必要之惡（儘管對於某些普遍被接受的教育方式，我們尚未能百分百確信它們的必要性。我們整個國家與世界各處，許許多多教育研究工作者，持續挑戰著家庭作業、學校課程表和管教方式的常規現況，已提供了許多令人耳目一新的研究證據）。當然，孩子們需要學會管理他們的日常生活、跟隨行程表、以及完成那些不必然愉快或有趣的任務。這項概念在這整本書裡都是得到背書的。只是，這裡我們主要想傳達的，是當你仔細思考，我

當 你仔細思考，我們的孩子一天得花掉多長時間在執行或參與「No 大腦」性質的工作或活動上，那麼，在任何時間點，只要我們可以，便要盡力去提供給孩子一種「Yes 大腦」型的互動這件事，就變得加倍重要。

們的孩子一天得花掉多長時間在執行或參與「No 大腦」性質的工作或活動上，那麼，在任何時間點，只要我們可以，便要盡力去提供給孩子一種「Yes 大腦」型的互動這件事，就變得加倍重要。我們所希望的，是能夠將家庭變成一個總是強調並優先採用「yes」方法的教養場所。

　　與什麼「不是」Yes 大腦有關的另一點是：它不是要在父母身上加諸更多壓力，讓父母變得更完美，或是避免他們教壞自己的小孩。事實上，重點其實是要讓父母們放鬆一點。就如同你的孩子不需要變得完美，你也是。給自己一點喘息的空間吧。盡可能地在情感的層面上和你的孩子站在一起，允許發展的可能性，在過程中沿途提供支援。

　　假如你讀過我們另外兩本書：《教孩子跟情緒做朋友》（*The Whole-Brain Child*，地平線文化出版）和《教養，從跟孩子的情緒做朋友開始》（*No-Drama Discipline*，采實文化出版），你會很快發現，這本書是前兩本書內容的延伸。這三本書均奠基在同樣一道論述上：孩童的大腦——因而也關乎他們的生命樣貌——高度受到他們的經驗所影響，包含了我們與他們溝通的方式、為他們樹立何種典範，以及與他們建立起何種關係等面向。在《教孩子跟情緒做朋友》一書中，我們曾經闡釋，刻意地促進孩童大腦及人際

關係經驗的整合度，讓他們既能夠完整地成為自己、同時也與周圍的人建立起有意義連結的重要性。在《教養，從跟孩子的情緒做朋友開始》中，我們則是將焦點放在如何看見孩童行為背後的心理活動，一層一層剖析他們的行動，幫助人們理解，遭逢到管教的議題時，也正是教導與鍛鍊技能的大好時機。

　　而在本書中，我們將這些概念更向前推進一步，用以回應這樣的命題：你希望你的孩子，能夠享受到什麼樣的，有關這個世界的整體經驗？接下來的篇章中，我們把焦點著重在給出一些嶄新的方法，幫助你思考並培育每一個孩子的 Yes 大腦，好擦亮她內在獨一無二的火花，並支持這道火花茁壯擴散，讓這火光照亮並鞏固她的自我意識，與她對周遭世界的認知。我們會為你介紹一些最新、最先進的腦科學研究，並幫助你將這些知識應用在你與孩子的關係之中。儘管本書中的某些訊息對你來說，可能意味著對於身為家長這件事的思考方式與作法的**轉變**，其中某一些也確實需要練習，不過，當中也有許多訊息，是你可以從今天起就立刻採用，來讓你的孩子的發育、以及你與他之間的關係發生改變。只要簡單理解幾項關於 Yes 大腦的基本原則，就能支持你挺過那些日常當中，時不時就要在親子關

係裡面臨到的挑戰——小孩鬧脾氣、為了看電視跟就寢時間討價還價、害怕失敗或面對新的經驗、寫回家作業時抓狂、一絲不苟的完美主義、冥頑不靈、手足吵架——同時還能幫助你的孩子，建立一套長期性的技巧，讓他們有力量去活出一個豐富而有意義的人生。

　　順道一提，雖然整本書都是寫給家長，但事實上，書中的每一項訊息，適合每一位疼愛並關心自己生命中的孩童的讀者。無論是祖父母、老師、治療師、教練，或是任何肩負著幫助孩童培育出完整自我、這項繁浩同時又令人感到喜悅的責任的讀者。我們感激世上有如此多成人正攜手合作，為他們生命中的孩子付出愛與指引，並幫助孩子們認識到 Yes 大腦的基本原則。

整合為一體的，「可塑」的大腦

　　截至目前為止我們所提及的，還有接下來將在後續的篇章中談論的，均是立基在最新的大腦科學研究上。我們用以檢視教養中的挑戰的科學基礎是人際神經生物學（interpersonal neurobiology，簡稱 IPNB），它是一門涵納來自世界各地科學研究成果的跨學科方法。丹尼爾是諾頓

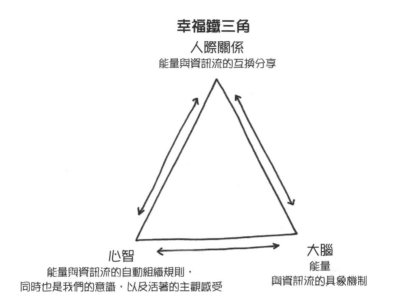

幸福鐵三角
人際關係
能量與資訊流的互換分享

心智
能量與資訊流的自動組織規則，
同時也是我們的意識，以及活著的主觀感受

大腦
能量
與資訊流的具象機制

出版社人際神經生物學書系（Norton Series on Interpersonal Neurobiology）主編，這個龐大的書系囊括了超過五十部以上的專業書目、內含成千上萬筆科學研究資料，所以，假如你跟我們一樣愛書成癡，想要更深入挖掘本書概念背後的硬底子科學知識，那麼，沒有比這個書系更好的下手之處了。不過，你不需要是個神經生物學家也能弄懂一些基本的人際神經生物學概念，讓它們立即為你的親子關係帶來益處。

　　人際神經生物學所致力的範疇，正如字面上所說的，

是從人際互動的向度切入，所進行的神經生物學研究。簡單地說，人際神經生物學研究的是：我們的心智、大腦與人際關係三者如何交織互動，從而形塑出我們是誰。你可以將這三者視為「幸福鐵三角」（triangle of well-being）。人際神經生物學不只研究單一個人的大腦內部，同時也研究在不同的個體之間，在關係之中呈現的大腦狀態。

　　或許可以這麼說，人際神經生物學關鍵的研究方向在於「整合」，意即當個別的部位聯合起來成為一個整體時，所作用出的現象。大腦由許多不同部位構成，每個部位各自扮演不同功能：左腦和右腦、高階功能和低階功能的腦、感覺神經元、記憶中樞、還有其他各種掌管不同功能的神經迴路，像是語言、情緒、運動控制等等，不勝枚舉。大腦的這些部位各司其職，肩負著不同的任務。當他們結合起來，成為一個整體，像個團隊般地工作時，他們的效能與能夠達成的任務，遠遠大過個別的部位分開工作時的成效。這正是為什麼多年來，我們不斷地呼籲全腦式的教養：我們希望幫助孩子們發展並整合他們的全腦，那麼，大腦的不同區塊將能夠連結得更好，無論是在結構上（指的是大腦區塊在生理上藉由神經元互相連結的方式），或是在功能上（指的是全腦一起工作或發揮功能的方式）。而結

構上與功能上的整合，則是一個人能夠達到整體福祉的關鍵。

　　整合大腦的重要性，受到最新的神經科學研究所支持。也許你聽說過人腦連接組計畫（the Human Connectome Project），它是由美國國家衛生研究院（NIH, National Institudes of Health）所支持，集結了生物學家、醫師、電腦科學家與物理學家等眾人之力，來共同研究人類大腦的一項大型研究計畫。該項計畫檢驗了超過一千兩百個健康的大腦，而其中一項關鍵的發現，恰恰切合我們在本書裡想要傳達的觀念。若你去檢視一個人生命中所希冀的一切正面目標——幸福快樂、身體與精神健康、學業與職涯上的成功、令人滿意的關係，諸如此類——要達成這些正面成果，最首要的基柱，便是一顆整合的大腦，而大腦整合的程度，可由神經連接組（connectome）交互連結的程度看出，意即大腦不同部位之間互相連結的程度。

　　換句話說，假如你想要幫助你的孩子成為一個有能力在生命中找到成功、活出一個有意義人生的人，那麼，幾乎沒有任何其他一件事，比幫助他或她整合大腦來得更重要了。我們早已寫過一大堆可以實際應用的方法，而這本書的大部分內容也與此相關。身為父母或是祖父母、教師、

假如你想要幫助你的孩子成為一個有能力在生命中找到成功、活出一個有意義人生的人，那麼，幾乎沒有任何其他一件事，比幫助他整合大腦來得更重要了。

或其他形式的照顧者，你有機會去帶給你所深愛的孩子，能夠創造出大腦中重要連結的經驗。所有的孩子都是獨一無二的，世上並不存在適用所有狀況的萬靈丹，然而，透過有意識的努力，你將能夠在孩子的生命裡打造出一塊空間，幫助他不同部位腦區之間的連結，無論是在結構上或功能上，那些腦區得以彼此溝通與合作，最終創造出上述那些正向的人生成就。

　　一個 Yes 大腦是指一種經過整合的大腦運行狀態，並能夠促進大腦本身內部整合性結構的增長。當你從互動中鼓勵孩子的 Yes 大腦，你實際上便是在賦予他養成一個更形整合的大腦的力量。

　　我們很容易便能理解為何整合性是如此的重要。這裡我們用「FACES」這個首字母縮詞，來描述一個整合大腦所具有的特徵。

整合大腦的幾個面貌
（FACES）

彈性　　Flexible
適應力　Adaptive
協調性　Coherent
活力　　Energized
穩定　　Stable

　　一個各部位交互串連、整合成為一個協同運作、平衡的整體的大腦，具有更佳的彈性、適應力，也更加地協調、有活力和穩定。這麼一來，一個具有整合大腦的孩子，在事情不順遂的時候，將會有更優秀的自處能力。比起只能受制於環境與情緒的**制式反應模式**，她將更能夠從一種具有**接受性**的態度出發，有意願也有能力，去**決定**她想要如何針對不同的情境或挑戰來作出回應。如此一來，孩童將逐步建立起自我認識，與一份配備著內在目標和驅力的內在方向感。而這正是「Yes 大腦」所呈現的精神特質，你能輕易看出為什麼它能讓孩子做出更好的決策、擁有更好的人際關係，並且更完整地認識自己。

　　我們之所以能夠引導大腦朝向更高的整合度成長，其中一個關鍵的理由，是大腦是具有可塑性的，會隨著我們的經驗而改變。這個概念我們稱之為神經可塑性（neuroplasticity），而這告訴我們，隨著人生閱歷而改變的，可不僅僅是一個人的心理狀態或思考方式而已。當然心智或想法都會改變，但神經可塑性的內涵遠不止這些。依據一個人所看見的、聽見的、觸碰到的、思考所及的、或付諸實踐的等等之類的活動，大腦的實際生理構造會順應這些新的訊息而產生變化、自動重組，並創造出新的神經迴路。任何我們給予注意力的事物、任何我們在生命經驗與人際互動中所強調的事物，都會在大腦裡創造出新的連結。注意力所及之處，神經元便會發射訊息（fire）。而神經元發射訊息之處，它們便彼此串聯，或是連綴組合。

注意力所及之處
神經元便會發射訊息流
神經元間的連結隨之成長

　　在這裡，關於父母為孩子帶來了什麼樣的人生經驗這個面向上，神經可塑性也為父母們帶來了一些十分有趣的

議題。畢竟父母們有能力去決定，如何吸引孩子的注意力，以及要將孩子的注意力導向何處，以建造並強化孩子大腦中的重要連結，因此，父母們用心去思索那些經驗、與它們正在幫孩子的小腦袋裡製造什麼樣的連結，可說具有關鍵的重要性。畢竟注意力所到之處，神經元便會發射訊息。而在一個 Yes 大腦的狀態下，當神經元發射訊息，它們會以具有建設性的方式互相串聯，改變並整合大腦。所以，當你跟孩子一起閱讀的時候，你問：「你覺得為什麼那個小女孩那麼傷心呢？」便是在給孩子一個機會，去打造並強化他大腦中的同情心與社交功能的迴路。就因為你在那個特定的情緒上投入了注意力，你便建造了一個自我理解的迴路。或者，當你在開玩笑或是猜謎的時候，你便是在給予幽默感和邏輯注意力，這有助於孩子發展出他們自我之中的這些

畢竟父母們有能力去決定，如何吸引孩子的注意力，以及要將孩子的注意力導向何處，以建造並強化孩子大腦中的重要連結，因此，父母們用心去思索那些經驗、與它們正在幫孩子的小腦袋裡製造什麼樣的連結，可說具有關鍵的重要性。

面向。同樣的道理，讓你的孩子暴露在羞恥感或過度嚴苛的批評當中時，無論這些苛責來自你、老師或教練，或是其他人，也會製造出能夠影響孩子的自我感的神經路徑。這種與你之間的互動所產生的 No 大腦狀態也能令大腦成長──但不是朝向一個整合的方向。

選擇權就在你手上：No 大腦，還是 Yes 大腦？正如同園丁運用草耙，醫生運用聽診器那般，家長們可以運用注意力作為工具，來幫助孩子大腦中的重要區塊發展與連結。這是你能用以引導孩子朝向整合方向成長的方法。

一樣的道理，當我們忽視孩童大腦中某些特定部位的成長，他們大腦的那些部位便能夠被「修剪」──它們會發育不足，甚至是枯萎或死亡。這意味著，假設孩子們不曾接收過某種特定的經驗，或是，他們的注意力未曾被帶往某種特定的訊息時，他們可能會失去接觸學習那些技能的機會，尤其是在發育成形的青春期階段。舉例來說，如果你的孩子從不曾聽聞過慷慨與付出，那麼他腦中專司這些功能的區塊可能無法成功地發育完整。又假如他不曾被給予自由地玩耍、帶著好奇心探索的時間，類似的情形也可能發生。那些神經元會失去發動訊息的能力，而導向成長茁壯的必要整合在同樣的情況下，也將無法發生。這些

技能的其中某一些，也許在後來的人生裡，可以透過付出精神和努力來取得，但最好還是在大腦第一時間就能學習的兒童期和青春期間，就供給他們這類促進大腦發育的經驗。在本書中，我們將會不厭其煩地一再說明，你所重視和不重視的、你所關注和不關注的，都將會影響你的孩子成為一個什麼樣的人。

　　當我們談論到形塑大腦功能與結構的發展時，其他的要素，諸如孩子本身具有的氣質、各類先天的變因等，顯然也同樣的重要。基因在形塑大腦上扮演著一個首要的角色，也因此影響著每個孩子的行為模式。然而，即便是面對著那些超乎我們掌控之外的、先天性的差異，我們同時卻也經由我們所供應給孩子的經驗，對孩子造成深刻的影響。這個意思是說，調整你的頻率與孩子對齊，去找出她所需要經歷的事物，用符合她個人氣質的方式，協助她找到焦點，對她大腦未來的發育來說，是一種重要的形塑方式。經驗會塑造腦內連結的發展——不只是在兒童期、在青春期，還貫穿了我們整個成年時期的生命！

Yes 大腦的四大基礎特質

　　如果你讀過我們其他著作，你一定知道，我們花費了
大量篇幅談論如何建造我們所謂的「**上層大腦**」（*upstairs
brain*）。大腦的構成顯然極其錯綜複雜，為了便於理解，
我們將孩童的大腦發展簡化地譬喻成一幢建造中的房子，
房子分成上下兩層。房子下層代表了大腦較為原始的部
位——腦幹與邊緣系統——它位於大腦較低的位置，範圍
從頸部上端到鼻樑之間。我們將這個區域稱作「**下層大腦**」
（*down-stairs brain*），它負責掌管我們最基礎的神經與腦力
運作，包括了強烈的情緒、本能與一些基本功能，例如消
化與呼吸。下層大腦的運作速度非常之快，大部分的工作
在進行時，我們甚至不會察覺。由於下層大腦是本能性的、
低階的、而且往往是自動化歷程所發生之處，在某些情境
下，它會激起我們的制式反應，不經思考便採取行動。

　　在出生的時候，下層大腦已經大致發展完全。反之，
上層大腦就好像房子的上半部，大部分還處在建構中的狀
態，而它所負責掌管的，是更加複雜的思考、情緒和社交
技巧。它由大腦皮質所構成，它是大腦的最外層構造，位
於額頭的正後方，一直延伸到到頭部後方，像一個半球形

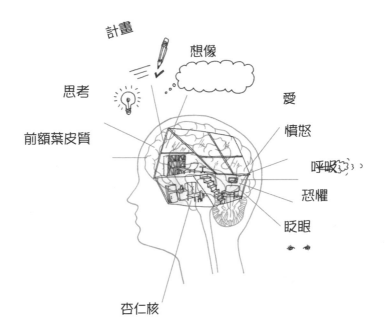

計畫

想像

思考

愛

憤怒

前額葉皮質

呼吸

恐懼

眨眼

杏仁核

的屋頂，蓋住底下的下層大腦。上層大腦讓我們有能力預先作計畫、考量後果、解決困難的問題、用不同的角度思考，或是聯合執行行動的功能來進行其他複雜的認知活動。大體說來，但絕不是全部，我們每一天在日常的覺知裡經驗到的，都是上層大腦所產生的高階心智歷程的運作結果。

　　上層大腦隨著孩童的成長與成熟，也需要花上許多時間來進化。事實上，一個人要直到二十五歲左右，上層大腦的建造才會完成。假如你就只需要一個理由，好讓你在孩子胡鬧耍賴的時候保持住耐心，那麼，這個理由在這裡：

他的大腦還沒有完全成形，而他確確實實（至少有時候是如此）還沒有能力控制他的情緒和身體。在那樣的時刻裡，他的行為是來自他的下層大腦，那個原始的、爬蟲腦的區域。而這正是你，身為家長的你，最佳的介入時機。作為孩子的照顧者，其中一項重要的任務，是在你幫助孩子建造並強化上層大腦的同時，去為他們付出滋養與關愛。就某方面來說，在他發育完整之前，你就是他的外部上層大腦。在成長的過程中，你可以協助孩子塑造他的大腦，藉由提供他們可以促成上層大腦各種不同功能發展的 Yes 大腦式經驗，來幫助孩子的大腦整合，並且平衡下層大腦的功能。

假如你就只需要一個理由，好讓你在孩子胡鬧耍賴的時候保持住耐心，那麼，這個理由在這裡：他的大腦還沒有完全成形，而他確確實實（至少有時候是如此）還沒有能力控制他的情緒和身體。

做父母的總是希望幫助孩子成為一個理性、關懷他人、有韌性且負責任的個體，這是人之常情，不是嗎？而這些正是上層大腦的功能。更精確地說，在上層大腦有個稱作前額葉皮質

（prefrontal cortex，簡稱 PFC）的區域，幾乎所有我們期待在一個擁有活躍的 Yes 大腦、成熟又有愛心的個人身上看到的表現，像是彈性、適應力、穩健的決策與計畫能力、調節情緒與身體的能力、獨到的洞察力、同情心、道德品行等等，都是由這個前額葉皮質區所掌管。而上述所有行為表現，都來自於一個完整成形、高度發揮功能的前額葉皮質，它們也都是社交與情緒智能的實質呈現。當一個人的前額葉皮質發揮作用時，大腦產生整合，那個人會感覺到快樂與連結感，能夠自在地處世。而前面提過的「希臘式至福」，那種充滿意義、連結與祥和的人生，正是由此創造出來的。這樣的一個人，是從 Yes 大腦的認知觀點來看待生命的一個人。

這一串從整合的前額葉皮質所製造出來的行為表現清單，我們將它們歸納為「Yes 大腦的四大基礎特質」，會分別在接下來的章節中詳述。

當前額葉皮質與相關的區域活躍地運作時，Yes 大腦狀態浮現，因為此時我們允許並鼓勵孩子發展出自己真正的樣子。經常細心留意地允許並擁抱她的本質與獨特性，才能真正將有助於成長的技能教會給她。這四項基礎特質，均是源自一個活躍而協調的上層大腦放射出來的不同分枝。

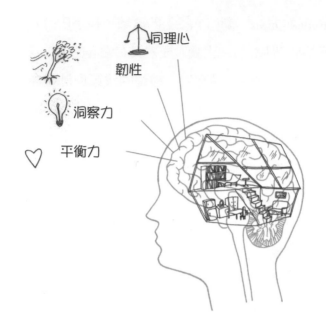

　　舉例而言，當我們看見孩子在強烈的情緒議題上掙扎時，我們便幫助她建立平衡自身的技巧，重點在於學會調節情緒和身體，與做出明智的決定，即使是在心情不好的時候。或者，假設孩子在困境中難以堅持，我們則可以協助她學習變得更有韌性。在培養出更強的平衡力與韌性之後，她將變得更有準備，去發展出用以真摯地瞭解自身與自己的情感所必需的那份洞察力，而這意味著，她真的有能力**決定**她關心的是什麼、與她想成為什麼樣的人。我們

所謂的內在方向感的精髓就在這裡。最後一項 Yes 大腦的基礎特質是同理心。出於同理心，她將會善用她從自己身上得到的力量與洞見，來加深對自己和他人的理解和關懷，並且用一種具有良知與道德品質的方式行動。如同在第五章中我們將會解釋的，在本書中我們使用「同理心」這個較為一般性的字眼，來涵蓋所有它可能包含的科學定義，包括了：感受到他人的感受（情緒共鳴）、想像他人的觀點（切換視角）、理解他人（認知同理）、分享他人的快樂（同理愉悅），與善良、關愛、並且有幫助他人的興趣（憐惜同理）。

四項基礎特質的每一項都是需要學習的技巧，而朝向一個 Yes 大腦型世界觀前進的每一步驟，都會讓孩子往一個充滿了平衡、韌性、洞見與同理心的人生更加靠近。

那麼，請留意到，這樣的過程會是具有循環性的。一個 Yes 大腦會讓孩子變得更平衡、有韌性、具洞察力、有同理心。於是，當我們努力去鼓勵和促進這些基礎特質時，它們會進一步強化一條連結世界的 Yes 大腦路徑，而這條路徑，再一次地，會導向更多的平衡、韌性、洞察力和同理心。它是一種重複循環、成長導向的過程，將不斷地在孩童身上帶來越來越好的成果。就很多方面來說，這都實際

呈現出一個令人雀躍的科學發現：整合帶來更多的整合。
一次 Yes 大腦的整合將會激發更多 Yes 大腦狀態浮現。身為
家長，當你開始學習去認知到這些技巧、在自己身上培養
Yes 大腦狀態，你也許會驚喜地發現（就好像我們自己、還
有許多我們一起工作過的家長也發現到的），這些技巧會
正向的自動增強。你可能已經明白了箇中奧妙，甚至心想：
「喔，丹尼爾和蒂娜，那還用你說！」但我們要說：「正
是如此才更要說！」（譯註：that's a no-brainer 在英文裡的
原意是指，那是不用大腦也能想到的事，作者在這裡自組
「Yes-Brainer」一詞編成對話，是借用本書中 No 大腦與 Yes
大腦互相對照的概念，所玩的一個文字遊戲。）

　　當我們有意識地記住前額葉皮質和上層大腦的其他區
域都還在建構中的這個概念，那麼我們就能練習保持耐心，
謹慎地看待孩子的想法和行為，不加諸超過她們能力範圍
的期待。而為你的孩子提供那些激勵他們變得更具平衡、
有韌性、有觀察力和同理心的經驗，就是在培育和強化他
們上層大腦的發展，為他們真正持續一生的成功做準備。
你會幫到他們培養出一個健壯的 Yes 大腦，與隨之而來的種
種益處。

　　記得，四項基礎特質中的每一項，都是在你的引導與

孩子的練習之下，可被培養出的技巧。儘管有些孩子天生就比較平衡、有韌性、洞察力強或有同理心，但是每個孩子的大腦也同時都具備可塑性，有能力基於她經歷到的整合性經驗去成長與發展。所以，我們會將每項基礎特質的基本知識，連同能夠促進該項特質發展的實際應用步驟，都介紹給你。

　　無論就短期或長期來看，激發 Yes 大腦的成長，都將帶來顯著的優勢。最立即的好處是，你作為一名家長的工作將會變得輕鬆一些。一個已經發展出強健的運用 Yes 大腦能力的孩子，不只會是個更快樂、對世界興致勃勃的孩子，他還會更有彈性、更容易與人互動，因為制式反應模式被接受能力取代了（接下來會談得更詳細）。若你教會孩子啟動 Yes 大腦的技巧，這便是你每一天都能享受到的好處：一個更平靜好相處的孩子，與一份更

鼓勵孩子的 Yes 大腦最立即的好處是，你作為一名家長的工作將會變得輕鬆一些。長期的好處是，你會助長孩子上層大腦的建造與整合，讓他學會直到整個青春期甚至成年生活都能使用的能力。

穩固的親子關係。長期來看，好處是你會助長孩子上層大腦的建造與整合，讓他學會直到整個青春期甚至成年生活都能使用的能力。畢竟，這四項基礎特質，正是一個健康、快樂、且真實的希臘式至福人生的基石啊。

　　你會在每章文末發現兩個區塊，它們是設計來幫助你將每一章內容的概念付諸實踐的一些方法。第一個部分：「具有 Yes 大腦孩童」（Yes Brain Kids），是幾頁漫畫，你可以利用它來跟孩子討論那個章節所說明的 Yes 大腦基礎特質。我們在其他的著作中也用過這個方法，並經常收到來自家長、老師和臨床醫師們的回饋，表示這種單元讓他們不只可以自己消化這些資訊，還能教給孩子，非常地有幫助。舉例來說，等你讀完關於韌性的章節，就能帶著孩子一起讀那一章的「具有 Yes 大腦孩童」，然後一起聊聊面對恐懼與克服困難的意義是什麼，和如何在日常的生活裡實踐的話題。

　　每章文末的第二個部分稱為「父母的 Yes 大腦」（My Own Yes Brain）。這個單元提供你一個機會，不只是以一名想要瞭解孩子、教會孩子重要能力的家長的身分，同時也以一名對終身學習、自我成長有興趣的獨立個體的身分，去思索該章節介紹的概念。畢竟，對於你的孩子而言，你

就是一個如何在世上立身處世的楷模。就好像我們不斷重複告訴讀者的，幾乎所有我們教導的概念和技巧，除了適用於孩童，也同時適用於成人。當然這不表示你就必須當個完美的人，或時時掌控住一切。只是，發展出更好的溝通與人際技巧、對新的人生經驗更敞開與接納、在每一天的生活裡找到更多意義、感覺更幸福、更有成就感——這樣的生活，誰不想要呢？而 Yes 大腦能帶給你的，正是上述一切。因此，每一章的文末都用這種方式作結，讓你有一個機會省察自己的人生，思考用這樣一種更有韌性、平衡、有洞察力與同理心的方式生活，會帶來什麼樣的好處。

在全書的最末頁，你會看到兩頁「冰箱上的小提醒」，內容是本書核心概念的摘要。你可以將它複印下來，貼在冰箱門上，或是用手機拍張照片，方便你在想要溫習 Yes 大腦的核心概念，或將它分享給別人的時候隨時查看。

所有我們呈現在本書中的訊息皆受到科學證據的支持。然而我們也理解，幾乎全天下的父母都差不多是又累又倦、淹沒在育兒大小事當中，總是掙扎著東拼西湊地擠出一丁點兒時間吃飯睡覺或上廁所。所以我們竭力讓本書的內容保持簡單、平易近人，符合科學原則的同時，也同樣站在父母的角度上，將內容傳達得直白、精準與有效。

　　在這條艱難卻也報酬豐厚的育兒之路上，您選擇了讓我們與您同行，這使我們感到無盡地光榮。事實上，經歷了那麼多養育孩子的辛苦，您仍有意地用帶著愛的方式去為教養孩子而努力，而不只是開啟自動駕駛模式，照本宣科地複製你父母親的教養方式，為此我們感到極度地敬佩。這種充滿愛的意念將會持續延伸，朝向讓你的孩子認識 Yes 大腦，而後幫助他們用一種開放的、雀躍與愉快的方式，去親近世界。

平衡力

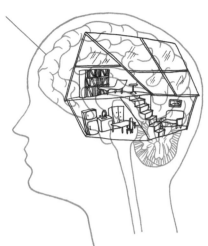

第二章

平衡力的 Yes 大腦

亞歷克斯（Alex）十分喜愛觀賞他的兒子泰迪（Teddy）踢足球——但只有在一切都進展順利的時候。如果泰迪的球隊正在贏球，或是他為球隊進了球，那麼一切都很完美。但要是他錯失進球機會，或是傳球沒傳好，或是他的球隊快輸球了，泰迪就會失控。他會立刻翻臉，失去他上層大腦前額葉的整合角色，讓下層大腦開始占據主導地位。當輪到他坐在看台上，讓別的孩子上場踢球時，同樣的情形也會發生。他會不斷地跑回球場上，有的時候亞歷克斯還必須要抱著他，才能把他固定在場邊！

泰迪在面對失望時的反應其實還不算難以理解——畢竟他才八歲，而且非常好勝。而八歲大的孩子，時不時總

會在自我控制的難題裡掙扎。然而問題是，泰迪暴怒的頻率超高，連一般來說別的八歲孩子似乎不會被惹毛的情況，他都會失控。事實上，現在只要泰迪的球賽苗頭有一丁點兒不對，亞歷克斯就會寒毛直豎（要是你看過八歲的孩子踢足球，那麼你就知道亞歷克斯有數不清的場合寒毛都會豎起來）。他知道只要球隊一落後，或是泰迪鏟球沒鏟準，或是裁判吹泰迪或他的球隊犯規，泰迪馬上就會開始變臉、大哭，有時還會氣鼓鼓地離開球場，拒絕繼續踢球。

　　在這樣的時刻，泰迪需要的是什麼呢？是由 Yes 大腦產生的第一項基礎特質：平衡力。他欠缺了調節自我的能力——意指平衡他的情緒和身體的能力——所以只要一點點小刺激，就能讓他崩潰失控。

　　我們猜，你也曾和你的孩子一起遭遇過一些類似的經驗，他們也曾這樣失去控制，無能調節自己的情緒和行為。也許你也見過你的孩子變得像泰迪那樣，當事情不合他們的意的時候。又或者，他們有自己獨特的方式，讓你知道他們已經控制不住自己了。年幼一點的孩子，當他們失去平衡時，會鬧脾氣或摔東西，踢、打或咬人。有些稍微年長一點的孩子，在情緒失調的時候也會出現這類行為，但是他們也會學會用他們正在發展中的說話能力與對人心的

理解，來說出一些傷害父母的話語。其他的孩子，幼小或稍大一點的可能都會，索性封閉或隱藏自己（無論是真的把自己藏起來，或是象徵性地），將所有人排拒在外，獨自受苦。

　　重點是，所有的孩子都有情緒失調的時候。有些人發生的頻率較高、有些人較低，但這基本上是童年歷程必經的常態。事實上，如果你的孩子似乎從來沒有不高興或失控的表現，那可能才是件值得堪憂的事。有些孩子會強硬地克制住情感，以避免被吞沒，然而若是這麼做得太過火了，風險便是阻礙了來自情緒平衡的生活所帶來的活力。童年是關於學習去經驗各種不同強度與類型的情緒，而這意味著，偶爾，被情感淹沒到「失去控制」而無法清晰地思考，也是一種必須要經歷的情緒強度。歡迎來學習當個人類！

　　缺乏平衡力、經常陷入情緒反應狀態，可能來自許多不同的根源：

- 發育期年齡
- 先天性格
- 創傷

- 睡眠障礙

- 感覺處理障礙（Sensory processing challenges）

- 健康與醫療問題

- 學習、認知或其他方面的缺陷和異常

- 增強痛苦感或是毫不給予關注的照護者

- 環境的要求與孩童的能力不相符

- 身心障礙

　　上述造成情緒反應的原因均對孩童分別帶來不同程度的影響，然而，再次強調，它們導致的結果是可以辨別的：以爆發性的憤怒形式展現的情緒混亂，例如吼叫、抓狂、失態的暴衝、強烈的焦慮；以及／或是退縮或僵硬，表現的形式為封閉、沮喪、自我隔離。請留意到這兩組失衡反應，就好像一條流動著整合性平衡力的河流的兩岸：河岸的一邊是混亂，另一邊則是僵硬。平衡力就是學會沿著河流中央的彈性、適應力、協調性（隨著時間演進會成為韌性）與穩定順流而下——這些平衡力流動的面貌（FACES）前面曾經提過，是來自整合。

　　平衡力作為 Yes 大腦四大基礎特質的第一項，是有理由的。從一個非常實際的角度來看，其他的三項基礎特質——

韌性、洞察力與同理心——全都需要孩童能夠展現出某種
程度的情緒平衡與控制力，才能達成。事實上，所有我們
想要教會孩子的、連同所有我們渴望看到的成果——與家
人朋友建立有意義的關係、健康的睡眠、良好的學業表現、
大體上感到幸福的人生——全都需要仰賴平衡力。此外，
當孩子失控時，他們也無法學習。當孩子正在鬧脾氣時，
試著去跟她講道理，是毫無意義的。她幾乎聽不進你說的
話，更不可能聽從指揮，或是知道如何在這樣的情緒下做
出好的決定。

　　簡而言之，平衡力對你的孩
子人生運作的每個面
向，都具有不可或
缺的重要性。
當一個孩子失
去平衡、無法
掌控，無論
原因為何，他
產生的反應行
為，都會讓情況變
得更困難、給每個人帶

所有我們想要教會
孩子的、與所有我們渴望看到的成
果——與家人朋友建立有意義的關係、
有效的睡眠、優異的學業、大體上感到幸
福的人生——全都仰賴著平衡的能力。
所以身為家長，無論孩子幾歲，我們
最主要的任務之一，就是幫助
他們變得更平衡。

來壓力——尤其是孩童本人。所以身為家長，無論孩子幾歲，我們最主要的任務之一，就是利用「協同調節」（co-regualting）的方式，來幫助他們變得更平衡。意思是說，在他們重回情緒平靜的過程中給予支持，同時也教導他們技巧，讓他們將來能更容易處在平衡與調節的狀態中。接下來我們就來談談實際的作法。

平衡是一項需要學習的技巧

　　儘管出現那些在足球場上的失控行為，泰迪還不至於到了情緒或行為失調到需要長期性治療介入或是醫學評估的程度。當然他也絕不需要來自父親的 No 大腦式反應，像是因為失控而被亞歷克斯懲罰或辱罵之類的對待。相反地，泰迪需要父親提供給他的是 Yes 大腦式的反應，主要聚焦在培養新的自我調整技巧，幫助他達到情緒上的平衡。

　　上述是當亞歷克斯來到蒂娜辦公室時，蒂娜對他作出的說明。對某些孩童來說，專業的介入不僅有必要，還十分有幫助，能夠拓寬他們的「耐受臨界窗口」（window of tolerance），改善他們調節大腦與身體的能力。「耐受臨界窗口」一詞由丹尼爾提出，用來形容一個大腦可承受刺激

的臨界值範圍，在這個範圍內，大腦尚可正常運作。超過這個窗口的上緣，我們的頭腦就會變得混亂；低於這個窗口的下緣，我們就變得死板僵硬。假定孩子對某種特定情緒（比如說悲傷或憤怒）的耐受臨界窗口特別小，那麼在進入那種情緒狀態時，只要一點點小刺激，孩子就很容易失控。換成另一種情緒時（比如說恐懼），同一個孩子也許就有能力承受更多，而不那麼容易變得混亂或僵硬。

　　許多不同的問題根源都可能使得某個孩子的耐受臨界窗口變小。比方說，像泰迪那樣的行為，**可能會**被認為是由於感覺處理障礙、注意力不足過動症（ADHD）、創傷、或是其它會讓他的挫折感耐受臨界窗口縮小的議題。若真是如此，那麼他確實有可能從醫療評估和介入中得到助益。不過就像蒂娜告訴亞歷克斯的那樣，泰迪最需要的其實是發展出調節自我的技能。他的行為，就像所有的人類行為一樣，事實上就是一種溝通的形式，只不過他採取的方式是尖叫——對他的父親和足球場上尖叫聲範圍內的所有人——這代表了他尚未擁有他所需要的技能或策略，來讓自己感覺到平衡，並且掌控好自己的情緒和行動。

行為實際上是溝通的一種形式。

蒂娜首先與亞歷克斯一起諮商，然後再和泰迪諮商，幫助泰迪學習一些調整的技巧，來讓他的耐受臨界窗口變大（下面我們會詳述）。

　　一個平衡大腦真正的意思是：達到情緒穩定、並且能調節身體和頭腦的能力。也是有能力思考手上所擁有的選項、然後做出明智決定——即靈活變通的能力。它還是在遭遇困難的時刻和感受之後，迅速重回穩定狀態的能力，這是沉著應變的基礎。它更是意味著掌控自己的頭腦、情緒與行為，並且妥善地處理困難的感情和狀況的能力。當我們偶爾衝出了耐受臨界窗口之外，就像人生難免會遭遇的那樣，我們最終都還是會回到情緒的平衡狀態。所有這些，就是我們所說的平衡力。

　　換句話說，一個擁有大腦平衡力的孩子能夠展現出**靈活的回應能力**。要是發生了他們不喜歡的情況，他們不會立刻發飆，而是會先調適自己。他們會先退一步，思考最好的回應策略。相比一個面對突發情境幾乎不能自主回應的呆板孩子，擁有大腦平衡力的孩子有能力明白，關鍵在於做出選擇，並且能夠帶著一定程度的彈性（當然，這視孩子的年紀與發育程度而定），做出一個好的選擇。泰迪經驗到沮喪、憤怒、失望這件事本身並沒有任何問題。事

實上，感受到這些情緒是很好而且很健康的一件事。別忘了，一段有意義的人生即是一段感性的人生。只不過他依然需要去培養出一些能力，讓他在經驗到情緒的同時，還能採取會得到收穫的、健康的應對方式。而一個具有平衡力的大腦，能夠去感覺感受、適度地表達它們，彈性地從中恢復，而不被感受挾持。

　　孩童在非常年幼的時候，大腦的發展程度尚不足以支持他們長時間地維持住情緒方面的平衡（所以常聽到人說的「可怕的兩歲」、「什麼都想試的三歲」與「令人沮喪的四歲」這些說法背後是有其理由的）。由於上層大腦尚未充分發育完全，作為照護者的我們，其中一項工作，就是善用我們自己已經成熟的大腦，去幫助孩子重新取得平衡。這是運用協同調節的時機。我們提供撫慰的陪伴，讓他們確知，在那些強烈的情緒席捲而來時，我們會與他們同在，讓他們感覺到安全，以藉此協助他們平靜下來。

　　關於這點我們會在接下來的內文與第三章中談到更多，不過說真的，要在孩子失控的時候幫助他們，關鍵就是給出這種帶著關愛與慰藉的陪伴。大多數的時候，孩子出現失序的行為，是因為他們**沒有能力**在那個當下控制自己的情緒和身體，並非因為他們**不願意**。所以，在你開始教訓

他們、跟他們講道理，告訴他們你希望他們如何如何，或是該做什麼、不該做什麼之前，他們需要你幫助他們重新取回平衡。作法是透過建立連結——擁抱他們、安撫他們、聆聽他們、同理他們的感受，幫助他們感覺到安全與被愛。這是回歸平衡的途徑。然後，唯有這樣，再去跟他們談論什麼叫做適當的舉止和以後該如何應對，這才有意義。

別忘了孩子並不喜歡失控的感覺。當他們落入失調狀態時，他們會感覺害怕。而我們可以幫助他們重新回到情緒平衡狀態。若是得不到援手，他們可能要被迫自行處理這股強烈、充滿壓力的情緒失調狀態。這時便會出現常見的惱人脾氣大發作場景：我金魚餅乾的尾巴斷掉了！我最討厭這種事了！把它接回去！把它接回去！像這一類激動的反應，對某個年齡層的孩子來說，是符合正常的發展歷程的。然而，

大多數的時候，孩子出現失序的行為，是因為他們沒有能力在那個當下控制自己的情緒和身體，並非因為他們不願意。所以，在你開始教訓他們、跟他們講道理，告訴他們你希望他們如何如何之前，他們需要你幫助他們重新取回平衡。

隨著年紀漸長，我們可以在發育的過程中，讓孩子安全地經驗到不同範圍的情緒，甚至是高強度的情緒，然後協助他們有彈性地重回平衡，好讓他們享受到 Yes 大腦帶來的好處。

平衡力與綠色安全區

這裡有個挺管用的方法，幫助你理解耐受臨界窗口。有可能你還記得，在很久以前的科學課堂上，你曾經學習過關於自律神經系統的知識。你的神經系統有兩大進化程度較高的分支——交感神經系統（它的作用就像油門，會讓我們變激動，放大情緒上或身體上的刺激，像是加速心跳、呼吸頻率，增加肌肉張力，促使我們起身行動），與副交感神經系統（它的作用像是煞車，讓我們平靜下來，緩和神經系統受到的刺激，使呼吸變慢、肌肉放鬆）。當我們處在安全的環境中時，這兩股系統會流暢地交互作用，它們交互作用的方式，大大地說明了我們一整天下來會經歷到的不同狀態。當你在午後的會議中犯睏時，你的副交感神經活動較為突出，而當你下班回家，卡在塞車的車陣中，或是因為孩子感到煩躁時，你的交感神經系統較為活

躍。研究者史蒂芬・伯格斯（Stephen Porges）發展出了多層迷走神經理論（Polyvagal Theory），用以解釋神經系統上的刺激，如何衝擊我們的身體與社會參與系統。

　　這裡有個簡單的模型可以用視覺化的方式解釋這個概念。許多不同專家都曾在這個模型的基礎上稍加變化，進行各種運用，而此處以這個最簡單的形式，來呈現你的孩子在某個特定時刻，可能經歷到的三種經驗類型。

　　當自律神經系統的兩股分支妥善地平衡時，我們便能夠安然自處。我們稱這種狀態為「綠色安全區」（green zone），這表示一個人正處在 Yes 大腦狀態裡。這也意味著你正處在耐受臨界窗口之內。當一個孩子處在綠色安全區內，他的身體、情緒和行為都是有條理的。他很平衡，他的交感神經油門跟副交感神經煞車協調地運作著。他感覺到對自己有把握，能夠把自己打理好，就算他正面對著逆境或承受著負面的情緒，像是挫折、悲傷、恐懼、憤怒或焦慮（見下圖，本書以黑白方式印刷，但我想你懂我們的意思）。

　　雖然有的時候，難免會有些不順遂、被情緒壓倒的時刻。這表示他的情緒強度已經超出了耐受臨界窗口的邊界之外。對較幼小的孩童來說，可能是因為她不能吃第二隻

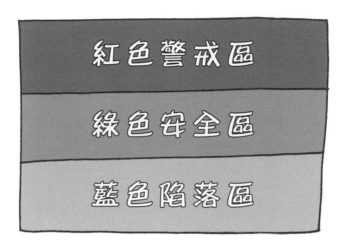

冰淇淋甜筒，或是在遊樂場上被排除在外，或是在學騎腳
踏車的時候一直跌倒而感到沮喪。對較年長的孩童來說，
理由則可能是在賽場上投球的表現不佳、得到壞成績，或
是被兄弟姊妹激怒。就如同每個人在生命中都會經歷到的：
得不到想要的東西，或是感覺到強烈的恐懼、驚慌、憤怒、
挫折或尷尬。用最簡單的話來說，就是無法應付情境的要
求。於是突然間，要維持平衡、留在平靜滿足的綠色安全
區裡的難度大大增加。

　　於是，孩童轉而進入「紅色警戒區」（red zone）。這
就是持續發生在泰迪身上的情形，他是經常到訪紅色警戒
區的常客。當泰迪的油門踩到底，亞歷克斯可以明顯在他

身上看到屬於紅色警戒區的身體訊號。他的心跳與呼吸均急遽加速。他會將眼睛瞇細，或是瞪得老大，還會咬牙切齒，握緊拳頭，肌肉緊繃。他的體溫會上升，皮膚發紅或是出現斑塊。用科學一點的字眼來描述這種紅色警戒狀態的話，我們會說這個孩子的自律神經系統已經過度亢奮，啟動了劇烈的壓力反應。他的下層大腦接管了他的情緒和身體，想當然耳，也掌控了他的行為。結局可能就是一次脾氣大暴走，對周圍的人發飆、亂扔東西，或是上述所有情形的綜合。典型的紅色警戒區行為還有吼叫、撕咬、侵犯性的言語或肢體動作、顫抖、哭泣、不正常的大笑，等等之類。假如你和大多數的家長一樣，此刻你已經能想像出自己的孩子進入紅色警戒區時的模樣了。

　　這種紅色警戒式的大噴發，就是當我們失去自制時會發生的情形。這是一種 No 大腦狀態，說明了為什麼孩子會出現通常我們不會做出的舉動（有時這也會發生在大人身上，有些人可能經歷過這個頗貼切的描述：「紅了眼」）。事實上，有許多導致孩童遭到懲罰的不當行為，其實是屬於紅色警戒區的徵狀，孩子們並非有意識地選擇做出那樣的行為，他們只是失去了控制，而通常沒有能力做出合理的決定，做不到「別哭了」、「這一秒就給我冷靜下來」

這類要求。那些全是 No 大腦式的反應。

於是，亞歷克斯和蒂娜一起針對泰迪的情況，研究出一套四步驟的因應對策。首先，他們告訴泰迪什麼是紅色警戒區。接著，他們教導他冷靜的技巧，像是把呼吸的速度放慢。第三步，他們運用很多的角色扮演遊戲、紙板遊戲，以低風險的遊戲情境，在可承受的挫折範圍內，讓泰迪練習經歷事與願違的時刻。一些小的挫折經驗，能幫助他準備好面對更大的挫折，比方說輸掉一場足球賽。用這樣的方式，他們訓練泰迪逐步擴展他對挫折感的耐受臨界窗口。最後，蒂娜和亞歷克斯合作，練習在泰迪變得不高興的時候，優先提供撫慰，直到泰迪能夠冷靜下來、聽得進去爸爸的話時，才去討論他的行為（順帶一提，關於這些策略的每項細節，我們會在本書的不同部分中分別探討）。

不過呢，有些時候當孩子心煩時，他們不必然會進入紅色警戒區。某些時候的失衡，會讓孩子進入「藍色陷落區」（blue zone）。在這樣的狀態下，自保的策略不再是紅色警戒區式的「戰或逃」反應，而是失去動能的「凍結或昏倒」反應。在藍色陷落區裡，孩子回應負面情境的方式不是藉由行動，而是封閉自己。這類反應有許多種不同

程度的展現。某些孩童只會在情緒上抽離，變得靜默，將他人隔絕在外，因而難以提供協助。另外一些孩童則會實質上退出整個情境。還有些孩童會進入一種稱作「解離」（dissociation）的極端狀態，這是一種從內在與自己的思想甚至身體感官所帶來的種種感受切斷連結的狀態。假如孩童有創傷的歷史，解離的情形將更容易發生。

　　藍色警戒區的「昏倒或垮掉」式反應，在身體方面的徵兆是：心跳減速、血壓降低、呼吸變慢、鬆垮的肌肉與姿勢，以及迴避眼神接觸。看起來可能貌似負鼠在逃避危險時裝死的模樣。偶爾也會見到凝滯不動的凍結反應，孩子的肌肉會緊繃、心跳加速，僵住片刻，像靜止了一樣，這是種受到刺激但沒有動作的狀態。藍色陷落區式的反應讓孩子內縮，而非向外爆發。有別於紅色警戒區時神經系統的高度受刺激狀態，藍色陷落區可視為另一種神經系統的高度受刺激狀態，只不過用一種截然不同的現象呈現：我們用力踩下神經系統的煞車，昏倒反應關閉體內生理機制，凍結反應則是關閉所有外表的動作。在面對不舒服、嚇人或危險的情境，卻看不出一個明顯的逃離可能性時，孩童便會進入藍色陷落區。

　　通常，孩童究竟會進入哪一種狀態，並非是一個自主

No 大腦式的反應讓孩子更加沮喪

Yes 大腦式的反應幫助孩子平靜，並進一步建立技巧

的「選擇」。根據許多不同的因素，包括當前的情況、對
過去經驗存留的記憶、本身的性格等等，孩童的神經系統
會自動決定哪一種反應是最適用的。

　　人們回應艱難情境與強烈情緒的方式不勝枚舉，在這
裡，我們盡力用精簡的方式來說明我們的論點。要點在於，
處在綠色安全區狀態的孩童，通常較有自處的能力，能夠
做出好的判斷、保持平衡，掌握得住他們的情緒、身體和
決定。他們對周遭的世界保持開放，用健康和有意義的方
式進行接觸，而且大多時候具有接受性與學習意願。這是
當他們保持在耐受臨界窗口、意即綠色安全區內時的運作
方式。但是當他們被情緒或環境中的威脅壓垮，他們會變
得激動，轉而進入混亂、爆發式的紅色警戒區，或者是封閉、僵硬、停止回應外界的藍色陷落區。無論是哪邊，他們都無法再保持平衡與自處的能力。相較之下，處在有彈性的綠色安全區裡的孩子，則

假如我們想要幫助孩子更有平衡力，好讓他們更優雅沉著地處理人生困境，那麼我們需要在他們心煩意亂時，協助他們回到綠色安全區，並且逐步幫助他們擴大綠色安全區的範圍。

能夠找出新穎而有效的方式來回應具有挑戰性的時刻。這是他們處在耐受臨界窗口內時的運作方式。所有的孩子都會在某些時候進入紅色警戒區或是藍色陷落區，沒有一個孩子例外（大人也是），我們該做的是，鼓勵他們去經歷所有不同強度的情感。然而，倘若孩子擁有一個強韌的、寬大的綠色安全區作為他們的內在資源，那麼他們就能夠在經歷挫折、失望、悲傷或恐懼這種種情緒時，依然待在綠色安全區狀態裡。他們會有一組大範圍的耐受臨界窗口，容得下較寬幅的情緒經驗，即便是高強度的情緒經驗也是如此。在面對挑戰與多樣的情境時，他們保持平衡，並且具適應性。

　　這一切為家長們帶出了一個明顯的結論：假如我們想要幫助孩子更有平衡力，好讓他們更優雅沉著地處理人生困境，那麼我們有兩項主要任務：當孩子心煩意亂時，協助他們回到綠色安全區，並且逐步幫助他們擴大綠色安全區的範圍。這是我們送給孩子一組寬闊的耐受臨界窗口這項禮物的方法，在這組窗口中，孩子們得以經驗世界。第三章的內文將會談到如何建造並擴展孩子的綠色安全區。此處，我們先聚焦在幫助孩子重回綠色安全區、並維持在其中的一些作法。

你的孩子有多少平衡力？

　　想想你的孩子，他們的情緒有多彈性？行為有多平衡？問自己幾個問題：你的孩子的綠色安全區堅強嗎？通常而言，具有挑戰性的情境和高強度的感受如何影響你的孩子？你的孩子對哪一種情緒的耐受臨界窗口較小，對哪一種情緒的耐受臨界窗口較大？

　　如同我們曾經說過的，在不同的情況裡，孩子失去情緒平衡，是很自然的一件事。重要的是，家長們必須去思考，是什麼啟動了孩子的 No 大腦反應，並且在孩子脫離常軌，產生瘋狂激烈的紅色警戒區反應，或是塌陷、僵化的藍色陷落區反應時，思考如何才能幫助他重回平衡。依據布魯斯‧麥克尤恩（Bruce McEwen）關於傷害性壓力的研究成果，我們發展出下列問題清單，數年來，我們持續在工作室裡利用這串問題清單，輔助家長們去探索，如何在孩子掙扎的時刻提供援助。想想你的孩子，接著問自己以下幾個問題：

- 就各種特定情緒來說，我的孩子的綠色安全區分別有多大？換句話說，她處理不舒適、恐懼、憤怒與

失落的能耐如何？考量她的年齡與發育程度，她能
夠面對挫敗，而不是很快地落入紅色警戒區或是藍
色陷落區嗎？

• 我的孩子有多容易脫離綠色安全區？哪一種情緒或
情況一出現，就會讓孩子進入混亂的紅色警戒區或
僵硬的藍色陷落區？再次提醒，別忘了考量他的年
齡與發育程度，然後思考，是不是很小的問題就能
讓他失控，將他推出綠色安全區，變得情緒失調？

• 有沒有某種典型的爆點，總是會讓我的孩子失去平
衡？ 這種爆點跟身體的需求有關嗎？例如飢餓或疲
倦？孩子是不是欠缺了某種情緒或社交技能，需要
加以鍛鍊？

• 脫離綠色安全區之後，我的孩子會失控到什麼程度？
進入紅色警戒區或藍色陷落區後，她的反應強度有
多大？一旦離開了綠色安全區，她的混亂或僵硬狀
態有多嚴重？

• 我的孩子在綠色安全區之外停留多久？他能輕易地
返回嗎？你的孩子有多大韌性？在他進入失調狀態
之後，重回平衡狀態與自我控制的難度有多高？

　　在本章（與本書）剩餘的篇幅裡，我們將會探索上述的議題與概念，當你越能夠精準地觸及你孩子獨特的應對技巧與性格，你越是可以善用我們所討論的這些策略。所有我們在這裡談及的內容，目標都在幫助你的孩子在短期內達到更多平衡——好讓每一天的生活更輕鬆平靜一些——同時協助你們教導孩子建立足以沿用一生的技巧，更長時間地待在綠色安全區裡，如此逐漸成長為有能力照顧好自己、生活得平和安定的青少年與成人。

　　丹尼爾曾經輔導過一位年輕的媽媽，體驗到 Yes 大腦狀態的短期性與長期性益處。她向丹尼爾求助的原因是，經過了好幾週緩慢的、小心謹慎的調整期之後，她正就讀幼稚園的兒子仍然會在必須與她分開的時刻情緒崩潰。當其

所有我們在這裡談及的內容，目標都在幫助你的孩子在短期內達到更多平衡——好讓每一天的生活更輕鬆平靜一些——同時協助你們教導孩子建立足以沿用一生的技巧，更長時間地待在綠色安全區裡，如此逐漸長成為有能力照顧好自己、生活得平和安定的青少年與成人。

他的孩子們都已經適應了向爸媽說再見時，他強烈的分離焦慮為學校的接送區帶來了不少麻煩。他總是會保證乖乖上學，和媽媽一起詳細作出積極的計畫，然而到了每天早晨八點鐘，他還是會落入紅色警戒區狀態。到了校車的接送車道上他會開始尖叫、吐口水、咬人甚至扯破他的衣服。

這位充滿關愛與擔憂的母親前來向丹尼爾尋求協助。每到需要與媽媽分開的時候，她的孩子的綠色安全區就變得非常小，幾乎不存在。就因為這個特定的理由，他迅速失去平衡，進入強烈的紅色警戒區狀態，無法重回平衡，直到他的媽媽保證絕不離開為止。

丹尼爾教給這位媽媽的方法，就是我們這一章接下來要說明的主要內容。起先他幫助她了解到，她的在場就是她的兒子用來保持安定的最佳策略。問題在於，當媽媽不在場時，他沒有其它有效的策略，來讓自己停留在綠色安全區裡。他與媽媽的連結維繫著他的安定。偶爾，她會怨恨他的需求讓她充滿壓迫感，然而丹尼爾為她解釋，她兒子與她待在一起的需求，是他所能夠用來應付他的恐懼與焦慮的最好的方法。類似於嬰兒的啼哭，或是一個正在學步的小小孩在聽到嚇人的聲音時會衝向爸爸，她的兒子仰賴著她，去支持他承受這種情境帶來的壓力與面對他內在

No 大腦式的反應增強痛苦的感受

Yes 大腦式的反應專注在孩子的感受上，並建立技巧

的混亂與失衡。這種應對策略是合理的，但因為他除此之外沒有別的技能或策略來幫助他調節情緒、忍受分離，於是給自己與媽媽都造成痛苦。

No 大腦的回應方式將「成功的教養」奠基在孩子是否順從，無論他經驗到多大痛苦。它靠的是羞辱（「沒有人像你一樣這麼黏媽媽」），或是限縮孩子的感受（「你是個大孩子了，不用這麼傷心」）。相反地，丹尼爾幫助這位媽媽為孩子提供一個 Yes 大腦式的處理方式：以認可、敬重的態度，對她兒子的情緒作出回應。首先這位媽媽和兒子一起創作了一本圖文書，書的內容是關於早上說再見有多麼困難，但是到了學校之後又有多麼好玩。接著他們在兒子能夠感覺舒服和安全的地點練習非常短時間的分離，再逐步拉長分開的時間，讓他越來越能承受。他們也一起討論什麼是「勇敢的身體」會有的姿勢，它和「憂心忡忡的身體」會有的姿勢感覺起來又有哪些不同，然後再一起練習「勇敢的身體」姿勢。最後，他們向老師請求幫助，老師便提議到接送區迎接他們，並且允許媽媽在剛開始的時候跟他待在一起一會兒。漸漸地（以他所能夠承受的步調），媽媽離開他更遠一點兒，然後消失得更久一點，就這麼讓他對於分離的耐受臨界窗口一天天變得更寬闊一些。

運用這些步驟，這位媽媽也開始能夠認可並尊重她兒子的
經驗和情緒。

　　結果證明，這些方法對這個男孩十分有效，然而，每
個孩子的情況都不一樣。所以重點不在於將這些步驟死記
下來，而是去幫助孩子建立技巧、為他創造空間與機會，
以激勵一個更平衡的大腦狀態。幫助孩子變得更平衡（以
及更有韌性、善良和美德）的基礎，就在於你與他們之間
的連結。所有的一切，永遠是起始於關係中的。

親子關係中的整合

　　稍早我們曾經談過，大腦的整合如何能創造出一個 Yes
大腦。我們說到，當大腦的不同部位在發揮它們各自的功
能同時，還能聯合起來，達成重要的任務，比它們分頭工
作時還要更有效率，這便是整合。同樣的概念在親子關係
裡也一樣適用。

　　當不同的部位**聯合**在一起時，整合才能發揮作用。比
方說，在人與人之間的關係裡，每個人保持自己的個體性
同時，也串連在一起，像個協調的整體。以這種方式呈現
的整合，不同於將所有人都混在一起、變得同質化。整合

的重要特徵是，保留住差異性，然後建立起不會抹滅這些差異性的連結。這是為什麼健康、整合的關係如此具有挑戰性的原因之一——我們需要維持差異，也需要連結在一起。

　　這一點在親子關係中尤為重要。親子關係裡，兩個個體如此親密地相連，但仍須尊重差異性，才能增進健康的整合。在理想的情況下，它看起來會是：孩子不高興了。也許是你三歲大的女兒，因為當天的額度已經用完，所以你不再讓她看電視而暴怒。當她進入紅色警戒區，開始大鬧脾氣，你立即帶著同理心與她連結，所以她能感到被聽見、被理解。運用同理的語調與柔和的表情，你可能會這麼說：「我知道妳真的很想再看一集。妳覺得生氣和傷心對嗎？對，這真的很難受。我瞭解。我在這裡陪妳。」

　　你不會改變主意讓她繼續看電視，不過她會知道，你正在聆聽與陪伴她。這正是整合的概念裡有關**連結**的面向。連接起兩個人的大腦，你深入地與孩子的情緒狀態校準，在她脫序與開始崩潰之時，依據當下的情況做出回應。「依據當下的情況」的意思是，你對她的溝通以正面的方式，直接地回應她想要對你傳達的內容。這種感同身受的連結方式——你對準她的內在狀態調頻，而不只是聚焦在她的

外顯行為——所帶來的結果，是在她落入紅色警戒區或藍色陷落區，變得無助和失去希望時，你將有能力留意到，並且提供幫助。你不會只是對她的外在行為起反應，而是會將注意力放在她內在世界可能的情況——紅色區、綠色區或藍色區——並針對孩子的內在狀態與她展開溝通。你也會支持她練習承受難過的感覺、向她展現你承接住她的情緒的能力，甚至是她自己無法承受的情緒。透過你通情達理的溝通方式，她能藉此學習擴大自己的耐受臨界窗口。

　　這項概念我們在許多其他地方都曾探討過，尤其是在我們的另一本著作《教養，從跟孩子的情緒做朋友開始》當中。在那本書裡，我們曾經說明，教養的重點在於教導並幫助孩子建立好技巧，那麼隨著時間推演，你便得逐漸減少管教，因為你的孩子正一步步建立起自己的能力，變得越來越能夠自我管束。而既然這種教養方式的本質重在教導，那麼孩子就必須得處在一種允許他們接收教導的心智狀態。沒錯——就是綠色安全區狀態。一般來說，幫助一個煩躁激動的孩子回到綠色安全區最有效的方式，就是連結。當然所有的孩子都不盡相同，我們永遠都要謹慎留意他們的發展程度與個體差異。然而就大部分的情況而言，當孩子失去平衡與控制時，家長能給出的最有效的回應（為

了讓每個人都能恢復理智，甚至是為了得到真正有效的管教），就是去與孩子連結，為他們重新導向。

要執行這項策略，我們首先得進行連結——在試著跟孩子講道理、談論他們的行為或解決問題之前。就像是孩子身體受傷時，我們第一個想到的一定是安慰她，在她情緒受傷時，道理也是一樣的。連結意味著藉由肢體的關愛、同情的表情、帶著愛和理解的話語，給予孩子仁慈與撫慰的陪伴。若是我們能以輕鬆的姿態，坐在**低於孩子視線水平的位置**，充滿同情地告訴他們：「我在這裡陪你。」效果將會更好。這種類型的連結能幫助孩子回到綠色安全區，讓她變得更平靜、更能接受我們所說的話。接著我們便能幫助她重新導向更好的行為與決策模式，對她談論下回再遇上類似的情形時，可以嘗試的其它選項。用這樣的方式，我們為孩子設下一道底線，在讓他們感覺到安全的同時，也為自己的行為負起責任，包括將事情做對、或是投入到適當的補救工作當中。「建立連結—重新導向」的作法大體說來即是如此，而這種作法高度仰賴於我們與孩子間的連結，並且對準他們的感受調頻。

此外，健康的 Yes 大腦式教養也會為**區隔性**（*differentiation*）保留空間。換言之，你會同時維持住連結與區隔性，而不

是讓自己與孩子變得**過分地相連**，失去區隔，因而讓關係裡的平衡傾斜。與孩子連結卻忘了維持住個人的區隔性，這類關係中的失衡，可能會導致孩子內在平衡力的難題。這裡要強調的一點是，要達到具整合度的平衡並不表示你應該跟孩子保持距離或不再愛他們。它單純意味著，連結和區隔性，兩者都是我們可以鼓勵的關於愛和支持的基本面向。這一點必須區分清楚。所以，讓我們仔細看看下面的例子。

當一個孩子封閉自我或變得喜怒無常，你的任務不是去承擔起她的情緒、把她從她的情緒中徹底搶救出來、或是竭力避免她遭遇任何困難的情況。與其匆忙翻找出強力膠來黏合金魚餅乾的尾巴，或是衝出家門再去買一盒新的餅乾，你會做的是，保持連結與細心聆聽，同時也不忘記區隔出界線：我懂，親愛的。金魚餅乾斷掉了，你真的很生氣，對嗎？這真的很讓人失望。

這麼做所帶來的結果是，即使你並沒有當場「修好」她的問題，她卻能深刻感受到你的同理心與連結，這能讓她重新回到平衡與調和的狀態。體驗到這種區隔性，同時確知妳能夠承接住她的失調狀態、而不會跟著抓狂，她實際上會在生活中感到更安全。你和你發揮功效的上層大腦

一起幫助了她的上層大腦重新上線,所以她才能重返綠色安全區。運用這種協同調節的方法,你允許她在你所提供的安全網,一塊可供跌倒的柔軟空間裡,盡情感受她的情緒,那麼她便不會覺得自己被丟下,得一個人面對痛苦。

現在試想一下,你丟失了自己的冷靜,與失常的她開始較勁。那麼區隔性將被打破,並產生過度的連結。在那樣的情況下,假使孩子在哭,你也會跌坐在地上開始啜泣。兩人像彼此的鏡中倒影,沒有任何區隔性。相反地,若是你不在第一時間使出手解救,而是伴隨她走過她的挫折與情緒混亂,運用你的親身相伴、撫觸和同理心,那麼你便能引導她回到綠色安全區的平衡狀態。關係中的區隔性,意思是你放手讓她經驗生命中無可避免的困難情感,而連結則是指你與她仍保持著夠深的聯繫,足以保護她的安全,並幫助她重回平衡。這便是整合的力量,耕耘出我們生命的福祉。而這也正是 Yes 大腦教養法的藝術。

再一次,這是 Yes 大腦的理想圖像:保有足夠的區隔性,允許孩子去面對艱難的情境、體驗他們的感受,同時間也維持住足夠的連結,讓你能夠迅速提供界線與安慰,幫助他們回到綠色安全區,甚至為了將來而去擴展它。這便是我們所謂的 Yes 大腦甜蜜點(Yes Brain sweet spot)。

Yes 大腦甜蜜點：你能保持強健的平衡力嗎？

既然，我們對孩子的每一個反應，都會對孩子 Yes 大腦的成長發揮著要不是促成、要不就是抑制的效應，那麼在最理想的情況下，我們應該總是能擊中 Yes 大腦甜蜜點，給出剛剛好的連結深度，與剛剛好的區隔性。

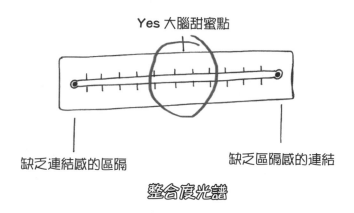

整合度光譜

偏偏實際上的情形永遠是不盡理想的。沒有任何一對父母可以隨時隨地都給出最好的教養。大多數的時候，我們的回應方式總是無法完美地整合兩者。

在這道整合度的光譜上，其中一個極端是，家長表現出的區隔性過於強烈，而變得與孩子疏遠。他們輕忽孩子

輕忽情緒重要性的教養方式將導致：
貶低

批判／羞辱

疏離

的情緒，以貶低或批評的方式回應孩子失衡的情緒感受。產生的結果是，他們的孩子被迫自行處理問題，甚至是那些以他們的發育階段而言還沒有準備好應對的問題。

　　我們通常難以清楚意識到，當我們譴責孩子或貶低他們的感受時，帶來的傷害有多大。當我們岔開話題、否認或降級孩子的感受；當我們責怪他們，或是開始講起人生要靠自己努力之類的大道理；當我們從場景中抽離、要他們閉嘴、或是恥笑孩子的情緒──當我們採用上述任何一種回應方式時，我們其實大力地懲罰了孩子健康感受人類情感、與表達內在經驗的行為。這可能導致情感的全面麻木，等於是在告訴孩子，經驗與內在感受不應該公諸於世。

　　在沒有支援的情況下，他們於是停留在失衡狀態中，得不到返回綠色安全區的協助，也沒有機會建立技巧，以因應未來人生中的風浪。他們只剩下兩個選擇：要不是變得更加激動，脫出綠色安全區，要不就是從此學會在我們面前隱藏真實感受。缺乏連結感的區隔，使得孩子孤立無援，獨自經歷情緒風暴。無怪乎他們無法達到情緒與行為的平衡。

　　另外一種會導致問題的極端是，當家長與孩子之間只有**連結**，卻沒有足夠的區隔性。有時我們會用「糾纏不清」

有時我們的連結過深，而無法提供足夠的區隔

來形容這種情形。當父母不能尊重孩子的個體性，或是當父親或母親的自我身分認同只剩下「家長」一種身分時，便會產生這種情況。這導致了人們俗稱的「直昇機家長」（helicopter parenting）現象，讓媽媽的自我在四歲大的孩子經歷只想要爸爸哄睡、不要媽媽陪的階段時，感到極度的受傷；或是讓爸爸親手做起他中學生兒子的作業；還有在幼稚園教室裡陪讀的時候，聽不進老師的勸告，不肯放手讓他的女兒自己剝香蕉。

這些都是父母需要少一些連結、多一點區隔的實例——這是為了孩子，也為了家長本身的益處。這樣的家長在孩子經驗某種程度的情緒、渴望和個體性時，會展現出不安。他們本身對孩子的不愉快和掙扎的耐受臨界窗口十分狹窄，所以總是代替孩子做出行動、解救孩子，而不是放膽讓孩子去感受、嘗試、犯錯和學習。

時不時地，我們都難免會有些過度涉入孩子的生活。出於我們對他們的關愛，讓干涉成了一大誘惑。有時候我們會做得比我們應該做的還要多。我們幫他們綁鞋帶、跟店員多要一些番茄醬，而不是讓孩子自己完成他們的任務。有的時候他們碰上困難和挑戰，我們便馬上跳進去解圍，為他們挺身而出，好「讓事情回歸正軌」。我們去找老師

理論。我們解決他們和朋友間的衝突。我們打電話給教練。

　　當然，有時我們確實需要為孩子挺身而出、守護他們。某些情況下我們需要絕對而強烈地做出這樣的舉動。所以讓我們首先釐清一點：沒有任何一件事情比你和孩子的關係更重要。假如你曾經讀過我們倆多年來的任何一篇文章或著作，你一定知道，我們有多麼強調親子間的依附關係。簡單來說，你是不可能用太多的愛和關心來「寵壞」孩子的。你不用因為自己給了很多的愛和關懷，就擔心自己變成直昇機家長。事實上，越來越多的研究顯示，過去數十年來，由於家長為孩子的福祉和發展投入得越來越多，孩童們已變得更健康、更快樂與更安全。他們更少製造麻煩、整體就學的時間增加，學業上的成就也提升了。幾乎所有的衡量標準都顯示，當家長致力於與親子關係的調和和連結，孩子們的表現都會更好。

　　話雖這麼說，愛孩子的一部分，也意味著避免極端，避免走向整合度光譜上「缺乏區隔感的連結」那端。在那端，我們插手干預孩子的問題，限縮了孩子解決困難議題的機會。要在老師面前維護自己的權益、或是試著解決和朋友間的難題，都是強而有力的學習機會。因此我們希望給予孩子機會，練習運用他們具有解決問題功能的上層大

腦、他們自己的話語和溝通技巧，並從中受益。

再者，讓孩子自己處理問題，也能夠讓他們明白到，他們有能力承受不適。當我們不得不面對棘手的情境，而最終安然度過時，是一條絕佳的途徑，幫助我們培養出韌性與建立信心。要是孩子重複經歷他們認為是困難的情況、與問題搏鬥，然後想出可能的解決方案，他們的大腦用來

經歷並解決困難的迴路，將會變得更熟練穩固。

我們希望教會孩子維護自己，同時瞭解到我們信賴他們，也相信他們有能力靠自己的力量處理問題。那麼他們就能去探索，發現自己究竟多麼有力量和能力，即使他們一開始並不自知。他們將可以走出困境，然後說：「我辦到了！」。

換個方式說，我們並不希望用氣泡紙緊緊捆住孩子。我們的孩子彌足珍貴，但他們並非易碎品。

要是我們用氣泡紙包裹孩子，保護他們不碰上任何不適、危難、潛在的挑戰，我們其實是在讓孩子變得**更加脆**

弱，讓他們更無能靠自己的力量取得平衡。我們不是故意、但卻明明白白地向他們傳遞了這樣的訊息：「我不認為你有能力處理，你需要我的掩護，或是由我代勞。」這麼一來，我們剝奪了孩子練習去感受、擁抱不安、堅持不懈、找到自己的出路並發現自己擁有聰明才智與力量的機會。

　　你希望孩子相信，你信賴他們嗎？你希望他們機智靈巧、有韌性與平衡的情緒嗎？你希望他們培養出毅力、堅強，大器地迎接各種挑戰，挺直腰桿逐一面對？你希望他們明白，自己不是環境和情緒的受害者嗎？那麼，就放手讓他們去感受吧。讓他們與猶豫不決、不安、洩氣和失望的情緒去搏鬥吧。

　　我們的職責是，在孩子遭遇困難的時刻，用連結與同理心陪伴他們走過這段旅程，允許他們去感受、成為積極的參與者、解決問題，而後發現自己能力的深度。出於我們對孩子深切的愛，我們很自然地會想要保護他們，然而，倘若我們讓這份愛帶領我們走向自身的勇氣，讓我們感覺自己強壯到足以放膽讓孩子去發掘他們自己的力量，他們的能力將會日漸茁壯。

也就是說，請盡量避免與你的孩子過度連結，而不為區隔性保留空間。且讓我們謹記，作為家長，我們的職責不是將孩子從困局與不悅的感受中搶救出來。我們的職責是，在孩子遭遇困難的時刻，用連結與同理心陪伴他們走過這段旅程，允許他們去感受、成為積極的參與者、解決問題，而後發現自己能力的深度。出於我們對孩子深切的愛，我們很自然地會想要保護他們，然而，倘若我們讓這份愛帶領我們走向自身的勇氣，讓我們感覺自己強壯到足以放膽讓孩子去發掘他們自己的力量，他們的能力將會日漸茁壯。

你的任務是，在一旁等待，隨時準備好在他們跌倒時伸出援手和給予安慰，同時在他們學習平衡力的過程中，放手讓他們去收穫那重要的一課。你要去找到 Yes 大腦甜蜜點，讓區隔性和連結，兩者都具有剛剛好又健康的分量。

平衡的行事曆，平衡的大腦

截至目前為止我們所討論的，多是關於如何協助孩子達到內在的平衡，學會調節他們的大腦與身體。然而有一項重要的外部因素，會對情緒的調節有所幫助。那指的是

你為孩子的生活創造多大的空間，去健康地成長與發展。也就是說，當孩子被允許做個孩子，而不是每分每秒都得按表操課、時間都被家庭作業與設計好的活動占滿，這樣平衡的行事曆與平衡的大腦之間，是有一道清楚的關聯的。

在很大的程度上，友誼、自發性的玩樂、與擁有充分機會保持好奇心與想像力的自由時間，是孩童藉以發展出情緒調節能力的條件。一個塞得不那麼滿的行程表，也讓孩子有更多的時間與家人和朋友相處，並學習隨著這些人際關係而來的所有課題。就算是無聊的感覺，也能為成長和學習打開一扇重要的窗口。我們往往過度擔憂孩子在學校的課業表現，然而，當我們聽到那句最普遍不過的暑假抱怨：「我好無聊！」時，其中一種我們能夠給出的最具教育意義的回應會像是這樣：「想想看院子裡能夠玩什麼。我看到那裡有把鏟子，還有強力膠帶、還有壞掉的澆花水管。好好去玩兒吧！」

我們有位朋友，在她大約十四歲時，會見了曾經獲得諾貝爾獎的物理學家理查·費曼（Richard Feynman），她告訴我們下面這個極其生動的故事：因為逮到機會與費曼對話，她詢問費曼，為什麼他這麼聰明？他說答案很簡單。打從四歲起，他的爸媽基本上都把他關在屋子外面，而他

避免整合度光譜上的兩個極端
連結不足

區隔不足

家的後面就是一座垃圾場。年紀小小的費曼一開始笨手笨腳地修理那些廢棄的機具和汽車，到最後甚至修起了時鐘。單純是出於無聊，還有想要找到一些事情來滿足各種頭腦挑戰和智力成長的欲望，最終成就了這個過去數十年來，世上最偉大的頭腦之一。我們並不是主張父母們都該把孩子關在屋外，或是任由他們到垃圾場隨意冒險，也不保證這麼做就能養出一個能夠拿諾貝爾獎回家的孩子，但我們確實希望鼓勵家長們，給予孩子充分的空間和自由，去發現世界，和他們真正的自我。

　　這項論點與美國太空總署（NASA）和它下屬的分支機構噴射推進實驗室（Jet Propulsion Laboratory）的主管們所發現的現象相符。而這項發現，改變了他們招募新人的程序。起初，他們著重在國家最頂尖的大學裡，尋找成績最優異的畢業生，但是他們很快地留意到，這些年輕人不必然擅長解決問題。他們都是應付學院體制的高手，也拿過數不清學院所頒發的獎項。然而他們拿手的「照格子填色」（coloring within the lines）和順應 No 大腦文化的精準執行力，在需要解決複雜的情境問題時，並不一定能夠轉換成找出具創意與獨特性的解決方案的能力。因此，這些組織開始大幅轉換募集新人的方向，改成尋找自童年或青少年

時期起，就有大量動手參與遊戲或工作經驗的畢業生。從小就用雙手打造事物、有豐富遊戲經驗的人，通常也是最優秀的問題解決者。

　　除了利用獎賞、將你和孩子的關係擺在第一順位，另一個你可以用來幫助孩子在生活中創造平衡的主要方式，就是守護他們的時間，為他們留住許多老派的、兒童自主的自由玩樂機會。容許他們擁有探索和發現的時間，透過玩耍和嘗試錯誤，發展出重要的情緒、社交和智力層面的技巧。若是每一分鐘的行程都是預先安排好的，孩子便會喪失這些寶貴的機會。

關於玩耍的科學

　　自由的玩耍對於今日社會的許多孩童來說，已幾乎是一項瀕臨絕跡的活動，這種說法可絕不誇張。在家中，遊戲時間被表定的活動、課程和練習排擠消滅。在學校，上課時間開始得越來越早，講課時間越來越長（孩子必須坐著不動更久），專注於提高孩子在標準化的考試項目上的表現能力，孩子們越來越沒有時間堆積木、玩抓鬼遊戲，或是用自己腦中想像出來的劇情玩遊戲。再加上，當今社

會有許多新的社交勢力，逐步入主了早先的遊戲方式領域，像是媒體、電子設備，而這類的勢力，也正無所不用其極地獲取對孩子生活和心智的主導權。

　　所有這些相互競逐的勢力本質上都並不壞。然而當它們越來越大幅度地取代玩耍的地位時，真正的問題便會開始浮現。對於人類和其他哺乳動物的最佳發展來說，玩耍實際上是**不可或缺**的。比方說，你可知道，一隻老鼠，就算牠的大腦較高階功能的皮質部位不能正常運作，使得牠在學習或記憶等方面的認知能力受限，牠仍然會繼續玩耍？得出這項發現的神經生物學家雅克·潘克賽普（Jaak Panksepp）便強烈地指出，對於玩耍的需求與驅力，是深深根植在我們之內的，甚至可說是哺乳類動物的一項原始驅動力，它涉及的是大腦的下層結構，就跟其他涉及求生或連結的本能衝動一樣。這些大腦的下層區域也會直接影響到上層皮質區的成長，促使大腦發展得更加整合。另外一項由史都特·布朗（Stuart Brown）進行的研究，在被宣判死刑的殺人者各式各樣的童年中，發現了兩項共通性：他們都曾遭遇某種形式的虐待，並且被剝奪了玩耍的機會。

　　這類型的研究均顯示出一件事：真正重要的不是排除萬難，致力將整個童年投入到無數小時的鋼琴練習、化學

研習營、課後補習，而是認可孩子需要玩耍的基本需求，允許他們就只是當個孩子，好好玩耍。音樂、科學和課業表現當然也擁有其重要性，電視時間也有它的一席之地。很明顯地，我們並不反對孩子學會精通某種技術。假設孩子對某項天賦擁有深切的熱情，那麼就應該盡情去追求。但是絕不能以犧牲孩子發揮想像力、好奇心，和單純地玩耍的機會為代價，因為這些活動都有益於孩子的成長、發育與發現自己是誰。讓我們從這個角度思考：自由玩耍是一種 Yes 大腦式的活動，因為它讓孩子在不受到批判與脅迫的環境下，單純地探索她的想像、透過行為試驗不同的事物與他人的互動。自由玩耍和具有結構性的體育活動不同。它們在孩子的生活中各自扮演不同的角色。以競技型的運動來說，比賽的規則，和競賽有輸有贏的基本設定，常常會為孩子建立起一種評估對與錯的基本觀感。擁有自由玩耍的時間，則確確實實會解放孩子，讓他有機會探索他的想像。

　　渴望玩耍的驅動力是古老而原始的，它展現了人類內在固有的一個面貌。近年來的科學研究一再地做出與此相同的結論。有時候研究結果跟我們直覺的想法不謀而合——例如，玩樂可以減輕壓力。順帶一提，無論是擁有較多資

源、高成就的社群和學校，或是在貧窮狀態中掙扎的社群中，我們都看到了同樣的研究結果。其他的研究發現則較為令人驚奇。舉例來說，研究人員發現，光是玩玩具積木，就能促進幼童的語言發展。類似的發現還有：幼稚園的孩童在被送到學校之後，去玩耍的孩子相較於聽老師讀故事書的孩子，顯得更冷靜、更能平衡地承受與父母的分離。

　　關於玩耍，一個未經檢驗的觀點可能會認定，當孩子在玩耍時，他們只是在消磨時間，就為了好玩——當然這樣也很好——卻沒有「成就」任何事、或是做出任何會讓頭腦進步的具有「建設性」的行為。儘管如此，關於玩耍的科學研究倒是告訴我們，玩耍這件事本身，為孩子帶來了數不清的益處——無論是在認知層面或非認知層面——遠遠超過只是享受那個片刻這層意義（不過我們也深深相信，享受玩耍的片刻，本身就是一件好事）。**孩子的任務就是玩耍**。它幫助建立認知技巧，促進語言與問題解決能力，同時也能深化其他的行為功能，例如做計畫、預測、料想後果，以及對意外進行調適等。所有這些都是屬於 Yes 大腦的技巧！玩耍促進整合的發生。孩童的社交能力，甚至是修辭能力在玩耍時都會進步，因為他們需要協議遊戲場上的政治，判斷一個遊戲或一個團體內的明規則或潛規

則。他們必須設法弄清楚如何加入遊戲，在事情不能照自己的意思進展時學習和他人協商。他們會學到什麼是公平、輪流、彈性和品德。他們也會面臨與同理心有關的兩難困境，因為他們需要決定，如何回應那些被丟下的人。

除了這些社交性的好處之外，玩耍也能帶來心理和情緒層面的益處，有助於創造一個平衡的大腦。玩耍的時候，孩童便有機會鍛鍊各式 Yes 大腦的特質，像是處理失落感、保持專注或是為他們的世界找出意義。他們會嘗試不同的

角色、克服恐懼和無助的感覺。他們會建立起情緒上的平衡與韌性，在不順心的時刻，發展出承受挫敗的能力。這全都是因為，他們被允許去玩耍。

平衡與失衡的行事曆，找出孩子獨特的韻律

每當我們對家長談起玩耍、自由時間和平衡的行事曆的重要性時，總是無可避免地被問及，我們是如何將這些原則應用在自家小孩身上的。在蒂娜生小孩之前，她就已經決定，將來孩子一次只參加一種活動。她早已聽聞行程表爆滿對孩子造成的危險，與孩子要是同時參加過多活動，會如何被壓垮而變得疲憊不堪。他們會失去和家人共處的時光，熱情燃燒殆盡，開始排斥所有父母期待他們喜歡的活動。這些對蒂娜來說都頗有道理，所以她決定，如果孩子想學跳舞，那他們就只做這件事，直到課程結束。如果孩子想運動，那麼他們在賽季結束之前，就不會再參加任何其他活動。她可不打算把小孩的行事曆塞爆（我們在假設自己有小孩的情況時，總是最棒、最理想的父母）。

接著她生下了大兒子，然後她看見所有環繞在他身旁的機會，和他展現出的各種興趣。她迅速地發現，她「一

次只參加一種活動」的宣言馬上就要受到考驗了。她和丈夫希望兒子能學鋼琴。她的兒子還想要跟學校同學一起參加童軍團。而且他很快就明顯感覺到，他對體育活動充滿了熱情。每個學期的每種運動賽事他都想加入。

　　鋼琴。童軍團。運動。還要加上比賽日期、回家作業、家庭旅行，他們該怎麼樣才能把這些全塞進行事曆裡？而且這還只是她的第一個孩子。她現在可是三個孩子的媽了，他們全都有不同的機會和熱情所在！

　　丹尼爾在自己的孩子們身上也經歷過同樣的情況，他曾花費數不清個下午和傍晚，忙碌不堪地穿梭在不同的音樂會和排球聯賽場地上。這正是為人父母必經之事，我們也很感謝孩子能擁有那麼多珍貴又有趣的選項。然而，究竟多少才算是太多？

　　我們不免再度強調，這終究取決於平衡，和對個體差異的尊重。我們的確相信，行事曆過滿的孩童，對許多家庭來說都是一項合理的隱憂。當然反過來說，某些家庭對孩子缺乏安排，讓孩子每天花上數小時盯著螢光幕，也是一項問題。我們各自的小孩都曾上過要求嚴格的學校、參加過各種不同的活動，偶爾，我們的確會擔心他們太過忙碌。不過既然花了那麼多年時間盡力達到健康的平衡，我

們同時也希望自己是務實和合理的。孩子們通常都喜歡保持活躍，只要維持在健康的範圍內、父母也記得為他們騰出自由時間，而且不讓行事曆上的活動綁架了全家人，我們總是盡可能去滿足他們的熱情，讓他們參加喜愛的活動。

那麼，我們要如何達到健康的、Yes 大腦式的平衡？下面有幾個問題，是在家長來到我們的工作室時，我們會鼓勵他們自問的問題：

- 我的孩子經常顯得疲憊、暴躁，或是展示出其他不平衡的徵兆，例如表現出壓力訊號、感覺焦慮？我的孩子快被壓力拖垮了嗎？
- 我的孩子是否過於忙碌，以致於沒有隨心所欲玩耍、展現創意的時間？
- 我的孩子睡眠充足嗎？（假如孩子參加的活動過多，要直到睡前才有時間開始寫功課，那就是個問題了。）
- 我的孩子行事曆是不是太滿，滿到連跟朋友或兄弟姊妹閒晃的時間都沒有？
- 我們全家人是不是忙到連經常聚在一起吃晚餐的時間都沒有？（你們不必要每餐都一起吃，但要是你

們很少聚餐，那就是個警訊。）

- 你老是在對孩子說「快一點！」？
- 你自己就是一個忙個不停、飽受壓力的人，所以跟孩子之間的互動經常是不經思考的反應，充滿不耐煩？

　　如果你有任何一個答案是肯定的，那麼，現在就是一個機會停下腳步，仔細思量。如果你有一個以上的答案是肯定的，那麼我們建議你，嚴肅地思考，你的孩子是不是做得太多了。

　　就另一方面來說，要是這些行程表爆炸的現象都沒有出現在你的孩子身上，那麼你大概就不需要擔心這個問題了。很有可能你的孩子很活潑、快樂地成長，你也已經找到了方法達到健康的平衡，讓孩子的 Yes 大腦成長茁壯。但也別忘了，每一個孩子都是不一樣的。每一個孩子內在都有各自的驅動力和門檻，讓他們的日子呈現不同的韻律。尊重每個孩子的獨特性，是十分重要的。

你可以這麼做：促進平衡力的 Yes 大腦策略

促進平衡力的 *Yes* 大腦策略 #1：盡量睡到飽

　　美國是一個國民生活長期性睡眠不足的國家。在年輕族群中，我們持續觀察到過多的焦慮和憂鬱，而焦慮與憂鬱導致的許多症狀，很有可能肇因於睡眠不足，或因為睡眠不足而嚴重化。尤其是兒童，經常因為父母或學校出於善意的追求，希望讓他們的生活盡量過得豐富多彩，而葬送了他們的睡眠。諷刺的是，家長們一心一意投注在確保孩子玩得高興、花時間和家人共處，加上所有那些寓教於樂的活動，結果便是，極重要的睡眠時間從此犧牲在「讓人生更豐富」的聖壇上，而就寢的時間也被一點一滴推遲到更深的夜裡。

　　休息分量的減低是一大問題，因為對於一個平衡的大腦與身體來說，睡眠是必要的活動。舉例來說，關於睡眠，一些新的論點指出，適當的睡眠是必要的，它讓大腦在日間製造的神經傳導物遺留下來的毒素能夠被代謝清理，我們才能夠有一個神清氣爽的大腦迎接隔天的早晨！睡眠就是在保養大腦。沒有足夠的睡眠，大腦和身體的各種功能都會降低，像是專注力、記憶力、學習力、耐心和彈性，

甚至是消化能力。

　　一個發育中的孩童絕對需要比成人更多的睡眠。由美國睡眠醫學學會（The American Academy of Sleep Medicine）公布，同時受到美國兒科醫學會（American Academy of Pediatrics）支持的睡眠指南，為不同階段的孩童和青少年建議了如下的睡眠時間：

孩童需要多少睡眠？

年齡 4-12 月 ⇒	12 - 16 小時 （包括午睡）
1-2 歲	11 - 14 小時 （包括午睡）
3-5 歲	10 - 13 小時 （包括午睡）
6-12 歲	9 - 12 小時
13-18 歲	8 - 10 小時

＊ ＊ ＊　上述僅供參考。每個孩子都不同，每個人需要的睡眠長度不一定一樣。

　　若是沒有那麼長的睡眠時間，孩子的綠色安全區和耐受臨界窗口會縮小，他們會變得越來越脆弱、情緒浮動不安，自我調節和解決問題的能力也會降低。

　　我想這對你來說一點都不令人意外——當你的孩子疲

倦、睡得不夠時，他們總是變得容易不經大腦反應、失去平穩和彈性。這正是為什麼，每次孩子問你能不能到朋友家過夜時，你就忍不住開始感到一陣不安，擔心自己將要面對孩子山雨欲來的臭脾氣。在週六或週日的下午，應付一個精力過度消耗、沒力氣專注、正處在藍色區或紅色區的孩子，我想是大多數父母都曾體驗過的共通經歷。

　　當然不是只有到朋友家過夜會導致孩子的睡眠問題，帶來紅色警戒區或藍色陷落區危機。這裡還有一些其他會影響孩子睡眠的因素：

- **塞得太滿的行事曆。**請檢視是否你們已經讓過多的活動推遲了家人的就寢時間，侵蝕掉孩子的睡眠長度。（我們會在接下來的 Yes 大腦策略提出特定的建議。）
- **混亂與嘈雜的環境。**熱鬧喧囂的社區或住家環境，或是兄弟姊妹同住一間寢室，卻有不同的就寢時間，都可能為想要讓孩子有穩定睡眠的家長帶來挑戰。這類的環境因素可能並不容易改變。在這樣的情況下，你也許需要發揮一點創意，像是遮蔽室外光線、孩子一睡著就把他們搬進房裡，或是利用白噪音

（white noise）來遮蔽掉環境中的噪音等等。

- **家長的工作時間。**孩子的睡眠時間可能會因為父母晚歸、無法即時回到家陪他們吃晚餐和寫作業而犧牲。同樣地，假如這不是一項容易改變的因素，那麼你也許需要發揮創意，甚至可能得在要上班的週間日，請較年長的哥哥姊姊或鄰居來幫忙陪較年幼的孩子寫作業、準時吃晚餐，家長則是在工作結束後先趕上睡前的床邊故事時間，結束後自己才吃晚餐。每一個家庭都要嘗試找出最適合自己的辦法。

- **關於就寢時間的角力。**倘若家長與孩子間總是對就寢時間有許多爭論，而讓就寢變得充滿壓力、憤恨、可怕，大腦便會對睡覺和整個就寢的例行程序產生負面關聯，那麼只要一提到睡覺，孩子通常會產生強烈的反抗。而我們所希望的是，讓孩子的大腦與上床就寢產生正面的關聯，使孩子將它視為安全、放鬆甚至有歸屬感的，不再那麼有壓力或是需要討價還價。也許你會需要重新設計就寢程序的內容，撥出更多說故事、互相依偎和全然陪伴的時間。注重與孩子的連結，幾乎總是能讓孩子更快安然入睡，反而為家長節省更多時間，而不是把時間都花在與

孩子角力上面。

- 沒有足夠的時間「慢慢沉澱」。對孩童的研究越深入，我們越是體會到照顧一個人神經系統的需求的重要性。尤其是談到關於睡眠的話題時，家長們需要耐心等待孩子的身體和神經系統安頓下來。我們無法從清醒狀態馬上切換至睡眠狀態──神經系統需要經歷一個「向下調節」的程序，直到它慢下來，才能讓我們入睡。我們需要為大腦做準備，給它時間切換到較低速運轉、低度刺激的狀態，孩子才能夠落入睡眠。

睡眠與平衡狀態之間的關聯性原則，不是只適用在孩童身上。試著回想你自身的經驗。當你睡得比較少的時候，腦子就是比較不平衡，不是嗎？整個人也比較沒耐性、不太能調節情緒，不是嗎？差別僅僅在於，成人已經有了更多年的經驗，學會了在疲憊的時候控制住自己。我們不是永遠都掌握得很好，但至少我們已經擁有發育完全的大腦，也有過更多機會去練習改進。大抵上我們比起孩童，更有能力在睡眠不足的時候覺察到自己的缺失，能更好地自我監控。孩子卻會迅速跌入紅色警戒區或藍色陷落區，而他

們也尚未發展出充分的技巧，來幫助他們輕易地靠自己的
力量回到綠色安全區。因此，請盡可能設法讓你的孩子享
有充足的睡眠，好讓他們能夠在白天的時光裡，享有更多
行為與情緒上的平衡。

**促進平衡力的 *Yes* 大腦策略 *#2*: 為孩子供應一份「健康大腦
餐盤」**

　　也許你聽說了，美國農業部（U.S. Department of
Agriculture）已經將行之有年的飲食指南「食物金字塔」
（food pyramid），修改成了一個更簡明的新版本：「我的
餐盤」（choose my plate），用餐盤的圖樣來呈現所有的食
物類別（水果、蔬菜、蛋白質、穀類和乳製品），以提醒
我們每餐的飲食應該包含的項目，促進身體健康。

　　若是想要創造孩子心理與情緒的健康平衡，那麼我們
每一天要供應什麼樣的心智餐盤，來支持一個強壯又平衡
的大腦呢？什麼樣的經驗能促進大腦整合，幫助孩子（和
成人）的大腦創造連結，融入家庭與社群，尊重差異，又
同時提升人與人之間具有同理心的連結呢？

　　為了回答這個問題，丹尼爾與組織諮商界的領導人物
大衛・洛克（David Rock）攜手合作，創作出「健康大腦餐

盤」（Healthy Mind Platter），內容包含了七種每日必要的
心智活動（包括玩耍與睡眠，就像我們先前強調過的），
讓大腦最佳化，創造平衡與健康：

　　專注力時間：當我們目標明確地高度專注在某個任務
上時，這樣的挑戰會在大腦中創造出深度的連結。

　　玩樂時間：當我們允許自發性與創造力自由流動，用
玩樂的心態享受新奇的經驗時，我們會在大腦中製造出嶄
新的連結。

　　歸屬感時間：當我們與他人進行連結（理想上是在面
對面的情況下），以及花時間去欣賞我們跟周遭自然環境
的連結時，我們會啟動並強化大腦中與關係有關的迴路。

　　體能時間：當我們運動身體（在醫生許可的情況下，
最好是有氧運動），大腦會以各種不同的方式得到強化。

　　內省時間：當我們安靜地向內自省，專注在我們的身
體感官知覺、視覺心像（image，大腦中的影像）、情感和
思緒時，我們幫助大腦進行更好的整合。

　　放空時間：當我們不聚焦、沒有特定目標、任由心思
漫遊、就只是單純地放鬆時，能夠讓大腦重新充電。

　　睡覺時間：當我們給予大腦充分的休息，我們能夠從

白天的活動中恢復，也能鞏固白天時學習到的經驗。

　　這七大類日常活動組成了完整的「心智營養全餐」（mental nutrients），供應你的大腦和人際關係所需，支持它們達到最佳效能。每一天提供孩子機會從事這七種活動，將會增進孩子生活的整合度，讓她的大腦能夠協調和平衡其活動。每一天讓孩子都有機會接觸到這七類活動，你就是在增進她生活的整合度、讓她的大腦活動能夠練習協調

健康大腦餐盤

睡覺時間　運動時間　專注力時間　內省時間　放空時間　歸屬感時間　玩樂時間

讓大腦最佳化的健康大腦餐盤

資料來源「健康大腦餐盤」，版權所有 @2011，大衛‧洛克與丹尼爾‧J‧席格

和平衡。這些重要的心智活動會強化她大腦內的連結、也會強化她與周圍環境人事物網絡的連結。這七類活動中的任何一種，無論是過量或不足，都可能產生問題。

　　所以，我們提供的第二項促進大腦平衡的 Yes 大腦策略，就是確保孩子的生活經驗和行程表內容，能夠滿足健康大腦餐盤上列出的各項需求。比方說，你的孩子在學校可能會得到許多專注時間、玩樂時間和歸屬感時間，也或許他們很享受舞蹈課或運動時得到的運動時間。不過要是你詳細檢視你們家的每週行事曆，也許會發現你的孩子沒有得到足夠的放空時間或內省時間，或是他們缺乏足夠的睡眠時間。

　　也有可能，你的孩子比較內向，喜歡花很長時間安靜地待著，專注並享受大量的內省活動。也或許他需要更多的運動時間動動他的身體，或是更多的歸屬感時間，去和朋友一起玩、陪家人一起吃飯。

　　還有一種可能，你很重視成績好壞，要求孩子將大多數的時間耗費在專注時間上，以致於他們很困難讓餐盤上的其他類活動也分配到足夠的時間。請明白這個事實：一個孩子在每一項科目上都拿到優等、或完美地執行每一項作業，是一件很罕見的事。假如你將學業上的優異表現看

得比所有其他事都還要重要，你的孩子可能會感覺到，無
論她怎麼做，都還是不夠好。兒童心理學家麥可・湯普森
（Michael Thompson）曾聽過無數孩童與青少年的經驗，指
出他們的父母重視成績更勝於他們本人，只注重某個特定
的目標，而不在乎探索的過程，結果比付出了什麼樣的努
力更重要。無怪乎有如此多的青少年苦於日益嚴重的焦慮
和憂鬱，帶來歸屬感的關係卻越來越稀少，難以幫助他們
緩和痛苦。

　　先前提到的睡眠時間只是個大略的建議，此外我們也
不是在說健康大腦餐盤上的每項活動每天都必須要從事特
定長度。畢竟每個個體都是獨特的，而我們的需求也會隨
著時間改變，所以要培養健康的心智，並沒有特定的配方。
重點是要能認識到所有類型的心智活動，知道它們是必要
的營養素，盡可能將正確的元素添加到孩子的心智食糧當
中，每一種類型理想上每天至少都能接觸到一點。就好像
你不會想讓孩子連續好幾天都只吃披薩，我們也不希望孩
子的生活裡只有專注時間，和短缺的睡眠時間。再次強調，
關鍵在於讓這些不可或缺的心智活動維持**平衡**。平衡性與
心智的健康，需要仰賴加深我們與他人之間、周圍環境之
間的連結，以及強化大腦本身內部的連結來維繫。

　　當然，我們也明白，當你真心承諾為孩子創造平衡的生活時，可能會感覺有些可怕。有時候，選擇**不跟隨**周圍社群的主流意見，不是一件容易的事。減少家教時間、取消一部分補習，只是信任過程，讓孩子按照自己的方向發展，這麼做可能會帶來不安的感受。但為了孩子，請試著允許自己超越對於成功的狹隘定義。允許自己去和學校認真討論孩子的課業量。允許自己脫離必須「成功」的繁重負荷，為你的孩子和家庭做出最有智慧的選擇。

　　所以，請將健康大腦餐盤放在心上。當我們的注意力在這道心智活動的光譜上切換移動時，大腦會以各種不同方式得到發展的機會。花時間玩樂、工作、內省或和他人相處就會耗掉一整天，沒錯，但這些活動同時也教育孩子、讓孩子建立技能。要是我們為這每一類型的活動都搭起舞台，分配時間給它們，那麼，我們不只是在給大腦創造機會，發射訊息並製造新的神經元連結，讓孩子有能力進行更廣泛的心智活動，我們也是在為孩子的生活，譜出一道具有平衡感的韻律。只要時時保持留意健康大腦餐盤，跟孩子講解餐盤的內容，你就能吸引他們去活出平衡且心智健康的每一天。

具有 Yes 大腦孩童：教導你的孩子平衡力

平衡的大腦是一個我們可以教給孩子的概念。你與孩子談論什麼是平衡、什麼是 Yes 大腦的那些對話，有助於建立他們對於情緒健康和心智健康的基本概念。此外，他們越是認識到整體性平衡的重要性——頭腦的平衡連同家庭行事曆的平衡——他們在感受到不平衡的時候，會越知道該如何表達自己。

為了幫助你著手進行，這裡我們設計了「什麼是 Yes 大腦孩童」單元，你可以和孩子一起閱讀這個單元，教育他認識他自己的 Yes 大腦。每一章末尾都會有這樣的單元。這個單元的設計是針對五歲至九歲間的孩童，但也歡迎你依照自己孩子的年齡和發育階段彈性應用。

具有 Yes 大腦孩童：教導你的孩子平衡力

每件事情都很平順、你也能夠管理好自己的時候，你知道自己是什麼樣的感覺嗎？有這種感覺的時候，我們就是在綠色安全區裡面。

不過有的時候你覺得不高興了。你可能很生氣、害怕，或是緊張。你可能會想哭或是大叫。有這種感覺的時候，我們就是在紅色警戒區裡面。

你不高興的時候，也有可能會想要遠離每個人，一個人靜一靜。可能你會覺得身體軟軟的沒力氣，像麵條一樣。有這種感覺的時候，我們就是在藍色陷落區裡面。

每當你不高興，想要回到綠色安全區的時候，這裡有一個很簡單的方法。只要一手放在胸口、一手放在肚子上就好了。現在就試試看，坐下來慢慢呼吸，一手放在胸口、一手放在肚子。感覺是不是平靜多了？

今天晚上，等你覺得睏睏的，眼皮越來越重，身體開始放鬆下來的時候，再練習一次這個方法。然後每一天晚上，你要睡覺之前，都再練習一次。觀察看看這個方法讓你感覺到多麼平靜。

具有 Yes 大腦孩童：教導你的孩子平衡力

每當在學校裡，朋友們沒有找她一起玩的時候，奧莉維亞就會練習這個方法。落單的感覺很令人難過，她覺得自己掉進藍色陷落區裡了。她開始哭泣，想要消失在這個世界上。

不過她注意到自己有這些藍色陷落區的感覺，所以她把一手放在胸口、一手放在肚子，讓自己安定下來。她馬上就覺得好多了，回到了綠色安全區。她還是有一點點傷心，但她知道自己會沒事的。

下次要是有什麼事讓你覺得傷心、生氣，或是害怕，就利用這個方法。只要常常練習，每次你覺得自己需要回到綠色安全區的時候，就可以馬上讓這個方法幫助你。

父母的 Yes 大腦：提升自己的平衡力

現在，花點時間，思考你在自己的生活中感受到多少平衡。以下三個問題，有助於探索你個人的平衡感。也許你會想要做些心得筆記，或是和你的伴侶討論這些問題給你帶來的迴響。

1. 思考你自己的綠色安全區。你有多容易脫離綠色安全區？一旦進入紅色警戒區或藍色陷落區，要返回綠色安全區有多困難？請採用一種較寬廣的角度來看，不過最重要的還是聚焦在你與孩子相處的經驗上。大多數的時間裡，你是處在綠色區、紅色區，還是藍色區？

2. 思考在你和孩子的關係裡，你個人的整合度如何？你們之間是「**過分區隔、缺乏連結感**」，讓孩子獨立抵擋情緒洪流，還是「**過分連結，缺乏區隔感**」導致雙方糾纏不清？ 在情感上保持連結，支持你的孩子，同時也給他做自己的空間（依據他們的年齡和個人特質），你們生活在這個整合度甜蜜點的時間比例有多高？

3. 你自己的健康大腦餐盤是什麼模樣？仔細檢閱，但現

　　在只要思考你個人的日常行程表，看看你如何使用你的時間和精力。

　　帶著這些思考，花幾分鐘的時間，畫出你個人的健康大腦餐盤，衡量你如何使用大部分的時間。畫一個圓圈，像蛋糕一樣將它切成二十四等份，代表一天的二十四個小時。你每一天花多少小時睡覺、運動、培養歸屬感？你的圖可能會看起來像是下面的插圖。

　　當你思考自己一天的時間分配時，健康大腦餐盤上的哪一種活動總是不受關注？我們並無意表現得太過於理想主義。家長這個角色本身，本來就很困難做到讓自己的時

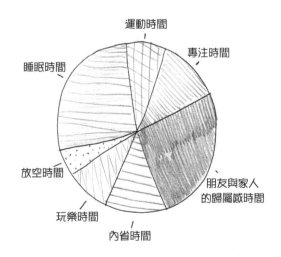

間有個健康的安排。特別是你的孩子還很幼小的時候。這種情況下，可能就連好好吃飯、上廁所的時間都沒有，更別提睡個好覺、沉思內省（或是動手畫一個自己的大腦餐盤）了。我們瞭解。因為我們也曾經歷過同樣的情境。

　　話雖如此，評估一下你的生活樣貌看起來有多平衡，還是會帶來助益的，就算做這件事現在感覺上有多麼不切實際。等你真的看見自己欠缺的——無論是睡眠、運動、獨處時間、放空時間，或是其他健康大腦餐盤上列舉的日常必要活動——能幫助你認清楚目前生活中有哪些未被滿足的個人需求，至少給你一個機會去衡量接下來能如何改善。保持自身的平衡，才能夠強健我們自己的綠色安全區，那麼當孩子需要我們的時候，我們才能稱職地扮演好需要扮演的角色。

　　再度強調，當你肩負著孩子健康成長的重責大任時，要時時刻刻維持自己大腦的平衡並不是一件容易的事。然而當我們越能夠致力於平衡，創造出自己內在的 Yes 大腦，我們就越有能力為我們所呵護的人做出同樣的事。

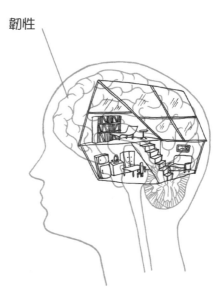

韌性

第三章

具韌性的 Yes 大腦

　　阿蘭納（Alanah）今年九歲，具備許多天賦和才華，十足聰明，卻深受經常性的焦慮所苦。每一件事情都令她擔憂：學校的考試、社交互動、溫室效應、媽媽會不會死掉，還有寵物天竺鼠的健康。最終，她的焦慮導致強烈的恐慌發作，干擾了日常活動，帶來許多痛苦。更糟糕的是，她經常生病，但專家的診斷總是告訴她：「全是心理因素」。於是她的父母帶著她前來向蒂娜求助。

　　隨著蒂娜對阿蘭納的認識逐漸加深，她發現阿蘭納具有完美主義傾向，對每一件事都超級兢兢業業，生活中的大小事幾乎都會讓她「啟動焦慮模式」。蒂娜發現，阿蘭納會執著於某一項挑戰，卻又無法應對，接著再為了自己

應付不了而擔憂不已，結果形成焦慮的漩渦。例如，某一天她把午餐盒忘在家裡。她先是擔心朋友們吃飯的時候，自己沒有東西可吃會很丟臉，然後擔心餓著肚子會沒辦法專心聽課，那她就會聽不懂老師交代的課後作業，那麼明天考試的表現就會不好。她的緊張越來越嚴重，於是開始在恐慌發作的時候，長時間地躲在學校廁所裡。就跟她其它許多的恐懼一樣，這種典型的童年經驗──忘記帶午餐盒──導致一種讓人動彈不得的循環。這股焦慮的漩渦創造出 No 大腦狀態，阿蘭納大腦神經元釋放的訊息，幾乎讓她每次在面對阻礙、甚至只是很小的挫折的時候就會整個人癱瘓。

　　稍後我們會再回來探討阿蘭納的故事，說明蒂娜在這個案例裡使用的方法，和她如何幫助阿蘭納走向 Yes 大腦，一個整合的、具接受性的大腦狀態。不過首先，我們要先來向你介紹，Yes 大腦的第二項基礎特質──韌性。

　　在第二章裡我們討論過如何幫助孩子更平衡、更有能力讓自己維持在綠色安全區裡。這一章的內容則是關於鼓舞孩子的韌性和毅力，它不僅僅意味著維持在綠色安全區裡，更意味著**強化並擴展綠色安全區**。孩子對艱難時期和負面情緒的耐受臨界窗口幅度越寬，他們在面對逆境時的

韌性就越強，而不會在不順心的時候輕易被擊倒。韌性也意味著從谷底反彈的力量，是熟練地從紅色警戒區、藍色陷落區重回綠色安全區的能力——也就是脫離混亂或僵固狀態，重新回到耐受臨界窗口內的和諧狀態的能力。

處在 No 大腦狀態時，孩童會經驗到恐懼、擔憂、制式反應，由於被意外的難題或紛亂情況驚嚇，以至於喪失了對自己身體、情緒和決定的控制力。而我們所希望的，是讓孩子可以培養 Yes 人腦式的韌性，知道自己擁有能力——或是可以學會這些必要能力——去勇敢面對逆境，從失敗中站起來。如此他們方能在生命中全然地經驗真正並持久的成功——就算他們有著焦慮和擔憂，像阿蘭納那樣，或只是一個在這個快速、高壓、高標準，凡事不盡如人意的世界中長大的普通孩子。

目標：建立技能，而不只是遏止問題行為

讓我們先從思考這個問題開始：當孩子出現不當行為的時候，我們最好的回應方式是什麼？大多數的家長都認為，目標應該放在消滅不良行為上，讓不良行為停止或消失。但是記得嗎？行為是一種溝通方式。一個問題行為，

當 孩子在困難中掙扎時，主要的焦點不應該是遏止壞行為、消滅紅色警戒亂局或藍色陷落封閉狀態，相反地，我們應該聚焦在我們希望孩子藉機培養出的能力上——下次再碰上同樣的情況時，孩子便有能力處理得更好。

實際上是孩子發出的一個訊息，傳達著：「我需要有人協助我學會這方面的能力。我現在還做不好。」因此，當孩子在困難中掙扎時，主要的焦點不應該是遏止壞行為、消滅紅色警戒亂局或藍色陷落封閉狀態，相反地，我們應該聚焦在我們希望孩子藉機培養出的能力上——下次再碰上同樣的情況時，孩子便有能力處理得更好。**當然**，做父母的都希望孩子的問題行為能減到最低。天下的父母都一樣（相信我們，不管哪個成長階段，我們倆也都渴望過除掉自己孩子的行為問題）。畢竟，每當孩子失控的時候，對他自己、對家長、對全家人來說都不好受。不過如果我們希望幫助孩子培養出 Yes 大腦，我們需要少花點力氣消滅問題行為，多花點心思去幫助孩子建立技巧，他們才能學會如何回到綠色安全區，而且最好是靠自己的力量。

與其試著消滅問題行為……

不如幫助孩子學會培養出韌性和健康的技巧

　　首先是避免跌出綠色安全區、其次是不順心時有能力重返綠色安全區，我們越是能夠幫助孩子發展出這兩件事所需要的技巧，他們就越能夠活出平衡與幸福的狀態——不僅孩子本身的生活，還有你的生活和全家人的生活，都將因此變得更令人享受。這便是希臘式至福裡所謂的祥和（equanimity）。祥和並不是說一個人永遠都很平靜——而是他已經學會了靈活地駕馭情緒風浪的能力。就算他被浪頭沖垮，他也擁有重新爬起、繼續衝浪的能力。韌性是我們能夠送給孩子、讓他受用一生的禮物。就好像俗語說的：給他一條魚，能讓他吃上一餐；教他釣魚，則讓他一生有魚可吃。

　　有一位我們認識的母親，她運用了「行為是種溝通」的概念，成功地解決了她兒子小傑（Jake）的問題。小傑四歲，他的老師打電話告訴媽媽，小傑經常和班上同學起衝突。每次同學們帶著球到操場上玩，小傑總是不能耐心輪流玩球，還會抓起球，把它踢到圍牆外的大街上。玩抓鬼遊戲時，如果小傑被抓到，他就會生氣，變得有攻擊性。

　　假如他的媽媽採取消滅問題行為的觀點，那麼面對小傑這種一不高興就衝動行事、充滿敵意的情況，她可能會用獎勵去誘惑，或是用懲罰來威脅小傑改變行為。這是父

母師長們最常採取的途徑：純粹從行為的層面來排除不良
行為，像是運用好寶寶貼紙、或是其他的獎勵與懲罰方式。

　　而這位媽媽呢，則是採取了 Yes 大腦式的觀點來看待孩
子的情況。她意識到小傑的行為只是傳達了他還欠缺某些
能力的訊息：也就是說，他還不是很懂得分享和輪流的意
義，也還不知道有風度的從事運動遊戲是什麼意思。這並
不代表他是一個壞小孩，或「問題孩童」。這單純意味著，
他的媽媽需要找到方法，讓他練習耐心地和別人輪流玩，
增進他和其他孩子一起玩遊戲的能力。所以她和老師討論，
並且一起想出幾個快又簡單的方法──像是讓小傑一起參
與計劃遊戲活動的過程、當他練習耐心輪流的時候讓他假
扮成老師、還有請小傑編出有關分享和輪流的故事，讓玩
具娃娃演出。（「小傑，幫我想想怎麼教蝙蝠俠學會和他
的朋友分享。」）

　　類似的方法對於年紀稍大一些的孩童也同樣有效。假
設妳十一歲大的女兒想要和朋友一起去參加營隊，卻又對
在外面過夜感到害怕，那麼她所傳達的訊息是，她需要學
習一些承受與你分離的技巧。去朋友家或祖父母家過夜幾
次，也許能在這方面幫她練習培養韌性。相反地，No 大腦
觀點的處理方式是告訴她：「有什麼好擔心的，妳都那麼

與其只是設法抹去問題

不如將行為視為一種溝通，設法幫助孩子培養能力

大了。」就算是出於好意，但這種方式的問題在於，孩子**真的**在擔心，而且她真的**覺得**自己還不夠大。所以這種方式斷然否決了她的感受，會給她造成困惑感，使她難以信任自己解讀內在訊號的能力，這種方式也沒有告訴她，怎麼做才能讓自己感覺好一些。尤有甚者，這讓她錯失了一次建立起一個一生受用的能力的機會。

採取「行為是一種溝通」的觀點，讓我們在看待孩童行為時，能夠得知他們還需要建立和培養哪一種技巧與策略，那麼我們就能更有同理心、方向明確地給出回應，這種回應方式當然也更加有效。因為這樣的觀點讓我們看見，孩子**正在面臨困難、需要我們的幫助**，而不是故意搗亂，給我們添麻煩。此外，這種觀點也能增強以信任為基礎的教養，讓我們愈發信任，只要協助孩子建立技巧、並允許孩子的發育歷程自然開展，孩子的大腦將會發展出能夠製造韌性的連結，幫助他們日漸成為活得精彩、幸福、有意義的成人。

韌性、接受性 、與擴展綠色安全區

現在我們要從實際的角度來思考，培養韌性的意義是

什麼。一個有用的看法是，韌性是指在接觸生命的挑戰時，能夠靈活應變，帶著力量與清晰穿越那些挑戰。這得先回來探討接受性與制式反應兩者的對照。倘若你希望協助孩子學會用健康成熟的方式因應困難，第一件事便是要幫助他們學習建立接受性。

制式反應阻礙韌性
接受性促進韌性

　　一個只有制式反應能力的孩子是受制於環境的；她只能被動做出制式反應。另一方面，接受性則會讓她進行觀察、評估環境帶給她的訊息，然後做出主動積極的回應。她有能力**選擇**要如何回應，有意圖地行動，而不是不由自主地無意識反應。這是孩子在綠色安全區內時的表現。

　　這就是為什麼我們說短期的目標是幫助孩子更有平衡力，在不開心的時候還能維持在綠色安全區裡。在綠色安全區裡的孩子具有接受性，他們的學習迴路是活躍運行的，這表示他們能夠思考、聆聽、理解，學會做出好決定，考量後果，並且顧及他人的感受。具備平衡力的孩子，是有可能在感受到強烈情緒的情況下，同時守住清晰思考和有

效溝通的。換個方式說，在綠色安全區裡的孩子可以在經歷情緒起伏時保持平衡，所以他們能夠更輕易地使用上層大腦。從平衡力的角度來看，一個發育良好的上層大腦，和一個寬闊堅固的綠色安全區，是面對挫敗和逆境的關鍵。

　　因此，我們長期的目標，是逐步**擴大**綠色安全區。而此時，便是談到打造韌性的時機了。

短期目標：平衡力
（回到綠色安全區）

長期目標：韌性
（擴展綠色安全區）

　　我們希望讓孩子面對逆境時的耐受臨界窗口變得更寬大，好讓她在遭遇困難、不順心的時刻，應對的能力可以日漸增強。綠色安全區狹小的孩子，更容易變得混亂或僵硬，頻率和強度也較高。但目標不是要致力於根除紅色警戒區或藍色陷落區的現象。事實上，有時候進入紅色警戒區或藍色陷落區是必須且重要的──像是在某些危險的片刻或情勢下，我們必須對實際面臨的威脅做出相應的求生

反應時。我們想要的是，孩子越來越有能力自主決定脫離
綠色安全區的時機，並且在大多數的時間裡，生活在綠色
區平靜與清晰的狀態裡。這是擴展綠色安全區的意義所
在。

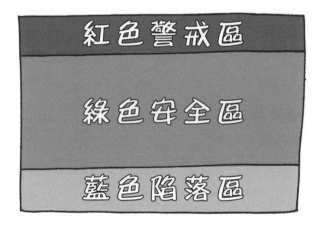

　　要想擴大耐受臨界窗口，一部分要靠放手讓孩子面對
困境、感受失望和其他負面情緒，甚至經驗失敗。這是培
養出堅持不懈的毅力的方式。如果你讀過我們其他著作，
你一定知道我們認為幫孩子設立安全範圍有多麼重要，也
堅信我們需要幫助她們學習到，人生不總是事事順心。培
養具有韌性的 Yes 大腦，其中很大的一部分，是要讓孩子明

白，痛苦和艱難是無可避免的。與其把他們從困境和負面情緒裡拉出來，保護他們不受影響，不如**陪伴他們一起走**過這些難過的時刻，支持他們發展出韌性，學會從挫折中成長，在經歷情緒風暴的時刻還能做出好的決定。我們希望將這樣的訊息深植在他們心中：「我支持你。我知道你有困難，那很辛苦，不過你可以辦到的。我在這裡陪著你。」這便是幫助孩子擴展綠色安全區的方法：帶著愛教導孩子，和挫折與失敗共處，最終穿越它們，變得更強大、更有智慧。

擴展孩子的綠色安全區，有時你只要付出一些簡單的行動。

有時候卻要涉及到更複雜或更痛苦的議題。在把寵物過世的消息告訴七歲的孩子之後，你的下一步也許需要坐在他身邊、在他哭泣的時候擁抱他，和他一起細數每件跟

要想擴大耐受臨界窗口，一部分要靠放手讓孩子面對困境、感受失望和其他負面情緒，甚至經驗失敗。這便是幫助孩子擴展綠色安全區的方法：帶著愛教導孩子，和挫折與失敗共處，最終穿越它們，變得更強大、更有智慧。

擴展孩子的綠色安全區

寵物有關的心愛小事。當你知道十二歲的女兒被朋友圈排擠，不能再和她們一起吃午餐後，你必須忍住打電話給學校或其他家長，要求他們接受你女兒的衝動。而只是在她經歷這種不曾遭遇過的嶄新痛苦時，全然陪伴著她，讓她感受到你的愛和支持，然後協助她解決難題。

　　也就是說，在人生的某些時刻，我們必須放手讓孩子受傷，甚至失敗，不妄加搶救，葬送他們學習變得有韌性的珍貴機會。在這樣的時刻，我們只要在情緒上全然地陪伴，提供安慰，這其實能更有效擴展他們的綠色安全區。在他們的記憶系統中，這類經驗會讓孩了知道，就算遇到困難，他們也可以加以面對，然後恢復正常。下次再遭遇問題時，他們會從記憶中回想起來的，將是勇敢面對困難、成功穿越挑戰的回憶。

推一把？還是靠一下？放手讓孩子掙扎的時機

　　每回對家長們演講擴展綠色安全區的主題時，同樣的疑問難免一再被提出：**要怎麼樣才知道什麼時候該放手讓孩子掙扎，什麼時候該介入幫忙？**

　　對於這個問題，我們常用蒂娜有次從學生那裡聽來的

一個有趣說法來回應：「推一把和靠一下」（pushin' and cushion）有時孩子需要我們推他一把，挑戰極限。要求他們冒險應付不習慣面對的情境和挑戰，好把他們包在自己身上的氣泡紙剝開。這就是「推一把」：給他們挑戰，讓他們發展出韌性、力量、堅強和毅力。重點在於挑戰他們能力的極限，而不是真的去推他的身體，叫他做事。練習離開舒適圈，這是擴展他們綠色安全區的方法之一。當我們在孩子有能力自己承擔的問題上插手介入，等於是在削減她處理難題和認清自身能力的機會。去找老師談話、和朋友討論他們友誼裡的問題，這些都可以是強而有力的學習機會。讓你的孩子從練習使用自己的邏輯、自己的表達方式中受益。推他一把意味著教導你的孩子展示自己的主張，明白到她可以**同時**是有力量又受人尊敬的，即使要採取立場，或面對一個新挑戰，會令她感覺到緊張。要親身經歷之後，他們才會真正知道自己做得到！

當然，只有在確保他們不會遭受太多壓力，讓神經系統過度反應，導致落入紅色警

> **當**我們在孩子有能力處理的問題上插手介入，我們等於是削減了她處理難題和認清自己能力的機會。

戒區或藍色陷落區狀態時，才可以這麼做。假如我們在孩子準備好之前就施加太多推力，神經系統上的壓力對他們而言變得**太**不舒服時，會造成反效果，讓孩子變得更恐懼和依賴，甚至更不願意擴展，實際上反而會讓綠色安全區縮小。所以，在另外一些情形下，孩子是真的需要我們給他一份**倚靠**。有時他們面對的阻礙或挑戰太大，就是沒辦法自己處理。他們真的做不到。可能是你三歲的孩子還沒準備好和公園裡的其他孩子坐在一起午餐，需要你坐在旁邊陪他，直到他準備好加入其他小朋友。可能是你三年級的孩子下午在廣告看板上看到的可怕海報，讓她晚上不敢一個人入睡，需要你陪著她，直到她慢慢睡著。或是正在上中學的孩子因為歷史老師出了太多作業，導致他錯過其他活動、睡眠不足，因此你覺得有必要出面瞭解更多細節。我們不該要求孩子獨自面對超出他們能力範圍的情況。當挑戰太大，難以獨自應付時，我們應該強力地支持他們。無論是我們推他一把，要他們做些舒適圈以外的事情，或是在他們需要的時候，撐他一下，讓他靠一下，都會讓他們知道，我們和他們站在一起，他們擁有我們的支持。

　　記得，大腦有豐富的聯想力，所以我們可以預先推想，推他一把，會不會讓孩子聯想到踏出舒適圈是個好的經驗

有時候家長需要推孩子一把⋯⋯

有時候家長需要給孩子倚靠

（「我做到了！」或「還不錯，好像有一點好玩。」），
還是會讓他產生負面聯想，下次更加不願意作出新嘗試。
假設你評估它可能會是個孩子承受不了的負面經驗，試著
給他一些倚靠，然後一小步、一小步地朝向目標。

那麼，我們要如何在過猶不及之間，找到那個完美的
平衡點呢？怎麼樣做才算是「剛剛好」？換句話說，我們
要如何幫助孩子面對足夠分量的挑戰，又不至於對他們期
望太高？究竟什麼時候該「推他一把」？什麼時候又該讓
他「靠一下」？

這確實不是個容易的問題。下列五個問題，是我們在
工作室裡鼓勵前來諮商的家長們自問的問題：

用以辨別孩子需要推力還是倚靠的幾個問題

1. 你的孩子天生的性格是什麼？發育程度如何？什麼是
   他或她現在所需要的？
   請留意你的孩子在面對困境時可能會身心都感到沮喪。
   對你而言的一小步，對他來說可能像是從懸崖上跳進
   水裡。有時候孩子可能需要將每一步拆解成更小步、
   需要更多練習、更多時間，還有更多你提供的倚靠。

在其他的情況下，同一個孩子也有可能承受得住不適，而需要你推他一把。細心注意你的孩子如何回應，那個回應又透露出她當下什麼樣的需求。藉由她所釋放和傳達的訊息，而非你認為她應該感覺到的，去聆聽你的孩子真正的內在經驗。

2. **你清楚真正的問題在哪裡嗎？**

是什麼樣的因素導致你的孩子拒絕面對阻礙或是承擔某種特定的挑戰？你可能會以為她害怕在外留宿是因為她不想離開你身邊，不過真正的原因也許更多是來自於她擔心自己可能會尿床，出醜丟臉？或許你認為孩子不想加入游泳隊，是因為他不願意辛苦運動，但真正的原因可能更多是因為他害怕在公眾場所穿著緊身三角游泳褲？因此，和你的孩子聊聊，弄清楚真正的問題在哪裡。然後你才能幫助他解決問題。

3. **關於承受風險和失敗，你給孩子傳達出什麼樣的訊息？**

身為成人，你已經理解面對恐懼，以及願意嘗試與失敗的重要性。你知道當我們大膽一躍，或搞砸事情之後，總是能學到很多。你也明白，每一次犯錯，都是一個變得更成熟和認識自己的機會。然而，你有將這個重要的人生經驗，傳遞給你的孩子嗎？關於承受風

險，你有意無意地傳達給孩子的，是什麼樣的訊息？「小心謹慎」？多樣化的思考？「失敗」會不會被接受？你是否透露著每件事都該做得正確或完美的訊息，導致孩子感受不到隨意揮灑的自由？還是每個不小心犯錯的時刻，在你的家庭中，都被接納為一個學習的機會？我們認識一位父親，每天送他老是小心翼翼的九歲兒子到學校後，都會對他說：「把握今天的機會！」同樣這句話僅管不適用於每一個孩子，但對這個自我防衛又謹小慎微的男孩來說，它正是能夠助他發展出 Yes 大腦精神的話語。我們在冒險和犯錯中學習，所以我們才能抓住下一次的機會，再試一次。Yes 大腦滋養出勇氣，讓我們有力量體認到，無論是靠自己，還是在他人的幫助下，我們永遠可以對更多的學習機會保持敞開。

4. 對於可能的（與無可避免的）失敗，你的孩子是否需要應對的技巧嗎？

再次強調，目標不在於保護孩子不讓他失敗，而是協助他建立克服困境的技巧。其中一項技巧，是有能力認知到，跨過阻礙通常只是一個更大的過程的一部分。也就是說，我們能讓孩子知道，有些事情很困

難，不代表是他本身有問題。所以，我們能教給孩子的最棒的一課之一，是心理學家卡蘿‧杜維克（Carol Dweck）所提出的概念：「還沒」。當孩子說「我做不到」或「我不樂意」時，只要讓他們加入「還沒」（yet）這個詞就好。這麼做能夠鼓勵一種擁抱可能性的態度，由於它是從 Yes 大腦心態出發，加上這種只要願意準備好自己，堅持嘗試，朝向目標，以後就可以做到或成功的想法，將為孩子帶來極大的力量。

5. 你是否教給孩子工具，幫助他們返回並擴展綠色安全區？

在進入紅色警戒區或藍色陷落區之後，有能力讓自己冷靜下來，恢復自制，是孩子需要學會的最重要內在技巧之一。早先我們曾經提過，有一個快速又有力的方法，是讓孩子一手放在胸口蓋住心臟，一手放在腹部，然後做幾個緩慢、深長的呼吸。光是這樣就是一個舒緩痛苦的絕佳工具。然後他們可以做出更有智慧──也更勇敢──的決定，知道自己要接受哪些挑戰（接下來的篇幅，還有本書後段的部分，我們會討論更多這一類的技巧）。

　　深入思索上述的問題，能讓你在困難浮現，需要決定該推孩子一把，還是提供倚靠時，更清楚覺察孩子的現況（和你自己的現況）。保持覺察包括了對你自己的內在發生有所警覺，連帶地也對孩子的內在發生保持敞開和接納。它的起點是一種帶著意圖的心態，有意識地聚焦在孩子尋求鼓勵和指引的需求上。在回應孩子的不愉快情緒時，我們要盡可能地意向明確、細心關照。恐懼、挑戰、風險，每個孩子的承受力都不盡相同。有些孩子會一股腦兒興奮地跳進新的困難裡，甚至對解決問題和克服阻礙的過程樂在其中。另外一些孩子對冒險、嘗試未知和挑戰則會感到極度不安。而且往往，同一個孩子這一次的反應，跟下一次的反應也不見得一樣。有時他們的不可預測，其實不令人意外。因此，請記得每個孩子都不一樣而且複雜。在不同的情境下，針對這個獨特的孩子與這個特定的片刻決定什麼是最好的、什麼會帶來成長，且擴展他們對自己能力的認識。這就是韌性。

你可以這麼做：促進韌性的 Yes 大腦策略

促進韌性的 *Yes* 大腦策略 *#1*: 讓孩子沐浴在四個「S」裡

　　就跟教養方面的任何其他事一樣，關係是建立韌性的關鍵。在提升社交、學業、情感功能這各種面向上，孩子的韌性和最終表現如何，一項有力的預測因素是，這個孩子是否曾體驗過與至少一個人——父母、祖父母或其他照顧者——的安全依附關係。沒錯！提供孩子可預期的（非完美的）、體貼的照顧，讓他們感受到連結和保護，將帶給他們的不只是更快樂圓滿的生活，還將是更多情緒上、關係上甚至是學業上的成功。

　　這種彼此連結的照顧方式，為孩子創造出安全型依附（secure attachment），在其中他們經驗到下列四個「S」：

讓你的孩子沐浴在四個「S」裡

$\underline{S}$afe　　人身安全

$\underline{S}$een　　被看見

$\underline{S}$oothed　被撫慰

$\underline{S}$ecure　穩固的心理安全感

　　這四個「S」原則，主要的用意是讓孩子感覺到安全和受到保護，尤其是在他煩憂的時刻。讓他們明白你會守護他的人身安全，你看見他，並深深地愛他——就算你不喜歡他的行為表現。在他難過的時候，提供撫慰，協助他得到平靜。最終，將為他的生命深處創造出穩固的心理安全感——因為他感受到了生命的安全、被看見、被撫慰。以神經科學的角度來看，重複得到安全型依附的經驗，能讓大腦創造出最理想的連結方式，讓上層大腦得到良好的發育，孩子在人生的各方面都將更有安全感。當我們經常性地（不是完美地）提供孩子這四個「S」原則，孩子的綠色安全區會擴展，他們將越來越有能力獨立處理問題。

　　理由很明顯：當孩子知道他擁有你的支持——你永遠在他背後挺他、愛他——這便創造了他們所需要和仰賴的安全。這種有力的依附關係形成一座安全堡壘，孩子可以從這裡出發去冒險，因為他知道，如果旅途變得太過困難，他永遠可以回來，而你會在這裡支持他。藉此他們培養出自信和毅力，敢踏出舒適圈，去嘗試新的、不舒服的甚至

是可怕的事物。

　　深厚的親子關係能培養出韌性的另外一項理由是，當你固定花時間和孩子相處，你會對他們得到更深的瞭解。於是，你能敏銳地辨認出徵兆——不論是情緒方面的或身體方面的——在你的孩子即將跌出綠色安全區邊界，需要人幫助他回歸中心的時候。

　　有可能，你的孩子是一個**情緒內化者**（*internalizer*）。也許你看見她抽離或迴避社交活動，你會認出這可能是她正感覺到不自在，而啟動了「撤退」迴路的徵兆。或是她可能對自己要求太高了。無論理由是什麼，她開始封閉自己，變得僵化，走向藍色陷落區。又或者你的孩子更傾向是個**情緒外化者**（*externalizer*），比起情緒內化型的孩子那樣消極、內向，他不會向內塌陷，而是會向外發作。他可能會大發脾氣、叫喊、無禮，或做出具有攻擊性的行為。他會出現明顯的混亂徵兆，顯示出他正走向紅色警戒區。

　　在這樣的時刻裡，由於你和孩子之間深厚的關係，你會擁有看穿他所需的能力。你能夠在孩子狀態改變時，充滿覺知地保持陪伴，並決定如何回應。你也能夠決定，該給出多少推力還是倚靠，或者是否要直接介入，還是保留態度，讓孩子在挫折與困難中再多打滾一會兒，好讓他們

的綠色安全區持續擴展。

　　什麼時候該推一把、什麼時候該讓孩子靠一下，怎麼決定才最好呢？這個問題起先可能會有些令人不知所措。然而經過一些練習、一些嘗試，和難免會犯的幾個錯誤之後，相信你一定會發現這個鍛鍊 Yes 大腦的方法確實很好用。就好像那句老生常談：「機會總是留給準備好的人。」學會了這些基礎知識後，會讓你的心裡有所準備，等到考驗孩子——還有你——的機會來臨，你會知道要去聆聽他們的經驗，然後用一種自然的、具有支持性的、幫助孩子建立技巧與發展資源的方式，提供推力或倚靠！

　　關於四「S」原則的一個好處是，其實你可能已經在每天和孩子的互動當中，不知不覺地運用了它們。所有你和孩子一起吃飯的時刻、開車帶他去公園的時刻、一起看搞笑網路影片開懷大笑的時刻，甚至是吵架鬥嘴之後互相安慰和好的時刻——所有這些經驗，都深化了你們之間的聯繫，它們也全都對促進大腦的韌性和整合有幫助。事實上，就算你不做任何其他事，只是做到讓你的孩子大多數時候都感到平安、被撫慰、被看見，擁有穩固的心理安全感，你已經做到了讓一個有韌性、整合的大腦能被培養出來的、最有威力的事。

促進韌性的 *Yes* 大腦策略 #2: 教導「第七感」（*Mindsight*）技巧

　　促進大腦韌性──還有幾乎所有其他重要的心理和人際關係方面的素質──其中一個最棒的方法是，教導孩子使用「第七感」（心智省察力）技巧。「第七感」一詞由丹尼爾所創，意思簡單來說是，認知和理解自己的心靈，以及感知他人心靈的能力。它是一種感受並梳理我們每個人內在都有的精神世界的方法。第七感包含了三個面向：洞察力、同理心，和整合能力。在接下來的篇章中我們還會詳細解釋：洞察力主要聚焦在認識自己的內在，是種自我覺察與自我調節的能力。同理心是關於理解他人的心思，是能透過他人的角度看事情、感同身受的能力。至於整合能力，就先前提過的，是指將不同的部分串連成一體，好讓它們通力合作，無論這指的是個人的大腦內部，或是人與人之間的關係。例如，在一段整合的關係裡，個體的差異性得到敬重，彼此間建立起包容的溝通方式，如此將兩個或更多的人聯繫在一起。具備第七感，就是洞察力、同理心和整合能力三者的實踐。

　　也就是說，第七感是我們可以用來轉化對情境的認知、更有效管理情緒和衝動的工具，讓我們時時刻刻做出更明

智的決定，增進與他人的關係。幫助孩子培養出第七感，我們賦予他們避免淪為情緒和環境受害者的能力，因為他們手中握有迎向挑戰的方法。如此一來，他們就能學會善用心智和身體，來改變自己的大腦和情緒。

蒂娜就是用這個方法來幫助阿蘭納，本章開頭提到的那個女孩。蒂娜教給阿蘭納一些更清楚地洞察自己的方法，並幫助她瞭解和面對自身的恐懼與焦慮。蒂娜知道，她需要揭開一層層面紗，才能釐清阿蘭納焦慮的根源。她仔細追究造成阿蘭納神經系統亢奮、因而經常恐慌發作的原因。換句話說，她需要弄清楚，為什麼她這位年幼的案主，綠色安全區的範圍如此狹小，為什麼她會缺乏平衡力和韌性到這個程度。不過首先，阿蘭納需要放鬆一下。她需要一些工具，好在危機狀態出現的時刻，可以幫助自己緩和下來。

蒂娜首先教她什麼是綠色安全區，並給她一個目標：找到一些方式，讓自己可以在平靜安全的綠色安全區裡待久一點。接著蒂娜開始將一些基本的第七感技巧介紹給阿蘭納。當然，每個孩子都不一樣，有些方法更管用，有些則否。而對阿蘭納來說，下面這兩個方法特別有效。

第一種就是我們在第二章的「具有 Yes 大腦孩童」單元

裡介紹過的正念練習。蒂娜要求阿蘭納每晚睡前都要練習。
她告訴阿蘭納：「等妳覺得睏了，眼皮越來越重、身體慢
慢放鬆下來的時候，就把一隻手放在胸口，另一手放在肚
子上。我們現在就試試看。看看這樣感覺有多平靜和放鬆。
在這裡坐著，保持呼吸，一手在胸口、一手在肚子上就好。
我希望妳每天晚上睡前做這個練習。」隨後蒂娜也把這個
方法告訴阿蘭納的媽媽，讓他們把這個當成每天晚上的「作
業」。

　　阿蘭納每星期到蒂娜的工作室時，他們都會討論每天
晚上的練習情況，也會一起在工作室裡做這個練習。不出
幾個星期，蒂娜開始留意到，每當阿蘭納將手放在胸口和
腹部時，她會立刻自動地做出一個深呼吸，接著肌肉張力
開始變得柔和，整個身體也會明顯地進入放鬆狀態。

　　第一次出現這個情形時，蒂娜引導阿蘭納去注意：妳
有留意到嗎？妳的身體剛剛起了什麼變化？蒂娜這麼做，
是在讓阿蘭納知道，如何**監看**（*monitoring*）自己的身體。
當時的阿蘭納，甚至沒有意識到，自己正漸漸變得平靜和
放鬆，但是經過蒂娜提醒，她馬上就發現了。於是她們倆，
加上阿蘭納的媽媽，三人一起討論這個現象——也就是關
於平衡力和韌性的各種概念。蒂娜解釋，神經元發射訊息

的同時會創造連結，而透過這個練習，阿蘭納的大腦已經將雙手覆蓋胸口和腹部的觸感，與平靜和放鬆的狀態連結在一起。因為那些神經元同時釋放了訊息，所以它們會彼此串連，形成記憶和能力。阿蘭納立刻就明白了這個概念，瞭解她的大腦是如何將睡前的放鬆狀態，和這種雙手擺放的方式這兩種經驗，連結在一起。

接著下一步，就是要在焦慮的時候運用這個技巧。蒂娜告訴阿蘭納，無論她去到哪裡，這個很棒的工具都在她身上——她的雙手。任何時候，只要她開始感到恐懼、焦慮、恐慌，就可以使用。不管是在學校、在家、在朋友家，隨時隨地，只要她感覺需要，就可以輕輕地把手放在胸口和腹部，給自己帶來平衡和放鬆。

另外蒂娜借助了唐恩・修伯納（Dawn Huebner）的《擔心太多了怎麼辦：幫助孩子克服焦慮問題》（*What to Do When Your Brain Worries Too Much*，中譯版由書泉出版社出版，2009）一書中的認知技巧，教阿蘭納去想像，她的肩膀上坐著一隻「擔心鬼」（worry bully），她和擔心鬼可以彼此談天。她也可以將自己心裡的那一部分，當成一個想要保護她不受到想像中的威脅和危險傷害的「守望者」。她還可以偶爾要求她的擔心鬼放鬆一點，不要對她的害怕

那麼多嘴。阿蘭納非常喜歡這個點子，她和蒂娜一起練習她可以跟擔心鬼說些什麼時，玩得很開心。

　　隔週，她興沖沖跑進蒂娜工作室，眼神發亮，臉上掛著大大的微笑，大喊：「我做到了！我在恐慌一發作的時候就讓自己停下來！」她告訴蒂娜，這次她又忘了帶午餐盒，可是就在她要因為害怕而變得超級緊張，掉進紅色警戒區的時候，她趕緊回想她學到的：「我先把手放在身上，做好幾個深呼吸，然後我跟擔心鬼吵架。我跟它說：『又沒什麼大不了！我可以跟卡莉莎（Carissa）借錢。她總是有多餘的零用錢。』」她帶著一股不多不少、發自內在的霸氣說道：「然後我告訴擔心鬼，我再也不需要它幫我煩惱午餐錢的事了！

　　很顯然，第七感的技巧在阿蘭納身上很管用。蒂娜和阿蘭納一起為這個得到韌性的重要成就慶祝。接著蒂娜又教給阿蘭納另外一種第七感技巧，這項技巧會幫助阿蘭納，把之前學到的有關運用身體和心智去影響大腦運作的那些知識，變得更貫通紮實。但是在運用這項技巧之前，蒂娜先對阿蘭納解說了一些關於神經可塑性的基本概念。

　　阿蘭納很喜歡雪，所以蒂娜在工作室的白板上畫了一座簡單的雪山。她對阿蘭納說：「當妳的擔心變得越來越多，

妳就會跑到山上越來越高的地方。等妳跑到這座擔心山的
山頂，妳就會變得不知所措。以前，為了讓自己冷靜下來，
妳就會坐進雪橇裡，一路從山頂滑到恐慌谷。」她用筆在
雪山上畫出了一條通往山腳下的路，終點是恐慌谷。接著
說，「然後下一次，妳又變得很擔心的時候，妳又會爬上
山頂，坐進雪橇，從同一條路滑下去，一次又一次，滑進
恐慌谷。」

「不過，妳知道自己今天做了什麼嗎？妳跑到了山頂，
可是這次妳沒有走通往恐慌谷的同一條路，妳利用了學到
的技巧，拿起雪橇，滑到一條不一樣的路上。妳在山上發
現了一個全新的地方！妳走進了一條以前沒走過的路，這
條路的終點，叫做放鬆享受美好一天樂園（Relaxed and Had
a Good Day Land）。」

　　蒂娜在雪山上畫出另一條新的路，繼續說：「最酷的地方是，下次妳又變得好擔心、跑到山頂上去的時候，妳會知道，妳不是一定要走通往恐慌谷的那條路。可能妳偶爾還是會走那條路，畢竟那是妳習慣走的路，雪橇滑出來的痕跡已經很深了。不過雪還會一直下，等妳越來越少走那條路，漸漸地，通往恐慌谷的路，就會被新的雪蓋住了。以後等妳越來越常走另一條路，妳會越來越有經驗，那條路也會變得越來越好走。這條新的路會變成妳的新習慣，妳的雪橇會在這裡等著妳，最後妳會有個很棒的一天，像今天一樣。」

　　為了讓阿蘭納對這個給人帶來希望的神經可塑性訊息印象更加深刻，蒂娜提醒阿蘭納，她的心智和身體會在實質上改變大腦。蒂娜解釋，雪山上的兩條路，就好像大腦裡面的神經連結。它們可以變細變弱，也可以變粗變強，全看我們給它們多少注意力、和我們多常使用它們。這是另一個可以用來管理我們如何感受、如何回應發生在我們身上事件的方法。

　　這就是第七感技巧的威力。我們藉此學會監看和調整內在經驗的能力。第七感技巧能夠幫助孩子瞭解和駕馭他們的心智力量，從而改變他們看待和回應環境的方式，而

正是因為如此，我們才對第七感技巧抱有深切的信心。它
們幫助孩子擴展綠色安全區。也讓像阿蘭納這樣的孩子，
在感覺焦慮擔憂的同時，還能停留在綠色安全區裡，而不
是落入紅色警戒區。正如同阿蘭納已經開始體認到的，在
困境和恐懼面前，她不再束手無策，我們也希望幫助所有
的孩子都發展出這種心態：我們都是自己命運的主人，儘
管人生有時艱難，也不總是事事如意，但是我們可以負起
責任，決定要如何回應人生，活出自己想要的樣子。這就
是韌性。

具有 Yes 大腦孩童：教導你的孩子韌性

　　在第二章的「什麼是 Yes 大腦孩童」單元裡，我們向孩子介紹綠色安全區的概念，也探討了當我們脫離綠色安全區，進入紅色警戒區或藍色陷落區時，會是什麼樣子。而這一章的「什麼是 Yes 大腦孩童」單元，我們協助你跟孩子清楚地談論面對挑戰的話題，以增強孩子的韌性。

　　課題的核心重點在於輔導孩子學會面對困難的情境、幫助自己冷靜，不再因為困境和情緒感到無助。換句話說，你可以讓他們知道，人生很多情況都不容易，對自己的遭遇感到棘手在所難免，但這些經驗可以讓我們變得更堅強。這裡有個開啟話題的方法：

具有 Yes 大腦孩童：教導你的孩子韌性

德瑞克想要加入少棒聯盟的棒球俱樂部，可是他感到害怕。

他的爸媽還是很鼓勵他，他們陪他一起去參加第一次練球，他的媽媽還自告奮勇，協助球隊訓練。

第一次練球他不太喜歡，到了第二次練球他就覺得好玩多了。後來，第一次比賽時，他擊中一球，結果竟然是全壘打。現在他熱愛棒球。如果一開始他沒有勇敢面對恐懼，嘗試新事物的話，他不會知道自己原來這麼喜歡棒球。

具有 Yes 大腦孩童：教導你的孩子韌性

你曾經像開始打棒球前的德瑞克那樣感到緊張過嗎？你有沒有遇過，差
一點要被拉進紅色警戒區或藍色陷落區的感覺？

拿出勇氣並不容易，尤其是當你覺得自己不在綠色安全區裡的時候。
可是有些時候，如果你嘗試去做了新的事，你會發現自己能做到的，
比原來以為的還要多。

遇到難題時能夠勇敢面對的感覺真的很好。不只如此，這麼做還能讓你的綠色安全區變大，你就不會錯過你可能會很喜歡的新事物了！你會發現，自己也能做很難的事，有害怕和不舒服的感覺也沒關係，反正你做得到！

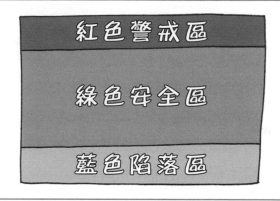

父母的 Yes 大腦：提升自己的韌性

　　現在，你已經花了很多心思在想如何培養孩子的韌性，是時候花點時間，把這些想法用在自己身上了。我們越是努力建設自己的 Yes 大腦，孩子的 Yes 大腦也越有機會擴展。

　　在回顧與韌性有關的生命歷程時，這裡有些問題可供你省思，並看看自己目前的 Yes 大腦進展：

1. 當你脫離綠色安全區時，通常你會傾向往哪個方向移動？有留意過自己的模式嗎？把你推向綠色安全區極限的典型導火線是什麼？被情緒壓垮時，你傾向進入混亂的紅色警戒區，所以你常經驗到憤怒和暴躁？還是你傾向進入僵化的藍色陷落區，會突然切斷連結，或是「昏厥」型地崩潰？對某些人而言，當綠色安全區不再穩固，他們進入紅色區和藍色區的機率可能約略相同。

2. 當你進入紅色警戒區或藍色陷落區時，實際上經驗到的是什麼？通常你會在那樣的狀態停留多久？對某些人來說，抽離出一個互動之後，再回來「重新上線」，要花上一段時間。當你丟失了曾在第一章裡介紹過的，

前額葉皮質的整合功能，進入紅色區和藍色區之後，就彷彿你的小船翻覆了一樣。在那樣低迷的狀態下，要重回整合、彈性的 Yes 大腦狀態，對我們任何人來說，也許都不是件容易的事。

3. 在藍色區或紅色區的 No 大腦狀態裡時，你覺得要回到綠色安全區的 Yes 大腦狀態，最有效的方法是什麼？每個人修復的程序各異其趣，但瞭解自己的對策，會是一種韌性的來源。有些人需要暫停一下，離開現場。有些人可能要喝杯水、聽點音樂、伸展身體，好好思考眼前的狀況。書寫可能會是項有用的工具，有助於強化你返回綠色安全區的對策。

4. 你的「成長極限」（growth edges）是什麼？或是你的韌性來源需要加強哪些特定領域？有哪些特定的議題限制了你的綠色安全區？有沒有哪種情況格外具挑戰性？監看你的內在世界是否透露出徵兆，顯示你正在離開綠色安全區，進入混亂的紅色警戒或僵硬的藍色陷落區，對當前的你而言，是一件具有挑戰性的事嗎？讓自己緩和下來，從紅色區或藍色區回到綠色區，是一件不容易做到的事嗎？

5. 你能好好地支持自己的成長嗎？這可能涉及到在需要

的時候，向朋友、家人或其他對象尋求協助，與學習
自我調節能力，以應對不同情境。

就很多方面來說，培養你的韌性，就是在打造你自己
的 Yes 大腦。當你在進行這項重要的任務時，你會發展出處
變不驚的氣度，不只為自己帶來好處，也會為你的孩子帶
來幫助，因為你向他們示範了，如何用 Yes 大腦生活，帶著
韌性迎接挑戰！我們整個生命都是持續不斷成長的，所以，
請享受這趟旅程，打造出力量與健康的迴路吧。

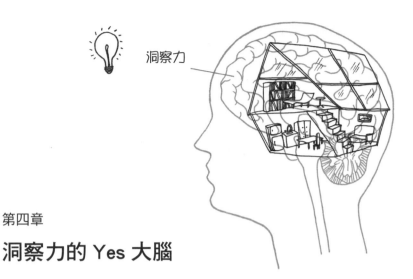

洞察力

第四章

洞察力的 Yes 大腦

有天早晨，蒂娜正在浴室裡準備出門，她八歲的兒子路克抽抽噎噎闖了進來，於是蒂娜告訴我們下面這個故事：

我幫助路克冷靜下來，等到他可以說話，他告訴我，五歲的弟弟 JP，對他「五角星」（five-starred）。我不懂這個詞的意思，路克解釋，如果你把五根手指張開，很用力打一個人，那個人的皮膚上就會有你的手印，那五根手指的痕跡就好像五角星形邊緣的五個點。他掀起上衣，果然，在路克的背上，我看見紅色的五爪印，大小就是五歲孩子的手那麼大。

　　我安慰完路克，然後去找肇事的弟弟，弟弟顯然還在紅色警戒區狀態裡。如果你曾經聽過我演講，你可能已經聽過我某個狼狽的育兒故事。不過這一天早上，我處在綠色安全區狀態裡，也有足夠的覺察力，看出這是個教養的好時機，如同所有的教養時機看起來該有的樣子：一個具有教育意義的情境、一個建立技能的契機。這是一次完美的機會，用來幫助 JP 培養 Yes 大腦的第三項基礎特質：洞察力。

　　我認知到他還處在制式反應、抗拒接受的情緒中，這種情況下，學習是幾乎不可能發生的。在幫助他重新導向之前，我知道先去理解他、與他連結會更有效。我蹲下來，讓他倒進我的懷中，我安慰他，讓他冷靜下來：「噢，小寶貝。你好生氣。過來這邊。」

　　等哭聲慢慢退去，他的肌肉漸漸放鬆、情緒穩定下來之後，我同情地說：「我知道你明白那樣打人是不可以的。發生了什麼事？」

　　問這些問題的同時，我正在運用的是《教孩子跟情緒做朋友》書中詳述過的技巧：「為情緒命名」（Name it to tame it）。我讓 JP 說出他的故事版本，講述自己的感覺，這個為情緒命名的過程讓他變得更平靜，最終能夠馴服自

己的劇烈情緒。他說，本來他和路克在跟奶奶講電話，他想說一個笑話給奶奶聽，就快講完的時候，路克突然插嘴，把笑點說出來了。掛上電話後，他想告訴路克他很生氣，結果路克卻繼續鬧他。

我對 JP 表示同情，讓他繼續表達他的沮喪。對他來說，顯然這個在他講笑話時別人絕對不能犯的規矩，值得一個我新學到的「五角星」。接著，我開始利用這個日常的教養機會（別忘了，教養的重點永遠在於給出教導），來幫助我的五歲兒子建立洞察力。

隨著我的安慰，JP 更平靜了，於是我開始問他一些問題，把他的注意力帶到自己的經驗上，帶到他進入紅色警戒區，開始失控的那個片刻：「事情發生的時候，你的身體有什麼感覺？」、「有沒有某個瞬間，你發現自己快要爆炸了？」我希望帶著他思考，讓他更清楚瞭解自己內在發生了什麼事，才導致這個情況。

下一步的問題就可以自然地轉換到像是：「當你感覺到憤怒開始在你裡面咕嚕咕嚕叫的時候，你還有沒有其他的表達方法？」以及「什麼比較有用？在你真的很不高興，下層大腦控制住你的時候，什麼可以讓你冷靜下來？」由於與他已經建立好連結，開始透過我們之間的反映式對話

（reflective dialogue）來協助他建立洞察力，此時我便能夠
進入到對話的下一個階段：「重新導向」，詢問他可以怎
麼做，來跟哥哥和好。

　　在《教孩子跟情緒做朋友》一書中我們談到，有效的
教養（並不著重於懲罰，而是聚焦在教導）有兩個主要的
目標：(1) 藉由制止壞行為，或鼓勵好行為，來取得短期合
作；(2) 建立技能，並滋養那些幫助孩子在未來做出更好決
策、更善於自處的大腦連結。這也是蒂娜與 JP 談話時，心
中的目標。透過在情感上與兒子建立起連結，使他平靜下
來，能夠接受和學習，蒂娜達成了第一個目標。在她把兒
子帶回具接受性的綠色安全區之前，他是無法學到什麼的，
在綠色安全區裡，他才能啟用學習迴路。第二個目標，協
助他更加覺察自己的感受和反應，那麼隨著發育程度的進
展，日後他不開心時，他將可以做出更好的決定（與更少
的制式反應）。她希望提升他的洞察力。

打造具有洞察力的大腦

　　在這本書裡探討的 Yes 大腦四大基礎特質之中，洞察力

可能是最少為人所思考的。簡單來說，洞察力是在向內看、瞭解自我之後，運用我們所知道的，更好地掌握自己情緒和處境的能力。這並不容易——無論是孩童或成人。但值得投入努力取得並涵養這項品質。對於社交或情緒方面的智能，以及精神健康來說，洞察力都是一項關鍵要素。缺乏洞察力，我們幾乎不可能瞭解自我、與進入和享受與他人之間的關係。換個方式說，想要活出充滿創造力、幸福、重要性與意義的人生，洞察力是必不可少的。倘若你希望孩子擁有那樣的人生，那麼就教導他們洞察力。

洞察力其中一個重要面向是純粹地觀察。洞察力讓我們留神，仔細地注意內在的世界。對自己當下實際的感受和經驗沒有覺知，對每個人來說——不管是大人小孩——都是件很平常的事。有時我們一不高興就馬上起反應，就像 JP 那樣。有時我們變得憤怒，卻沒有發現自己正在生氣——我們甚至會否認它。我們感到受傷、失落、怨恨、受辱和嫉妒，因為這些感受而採取行動，儘管我們事實上並不知道自己有這些內在感受。

這些情緒本身並不是問題。請別誤會。感受很重要，就連那些不舒服的、我們通常稱之為「負面」的感受也一樣重要。只有在我們經歷這各式各樣的情感，卻沒有意識

沒有被承認的情緒，會導致各種具傷害性、我們不樂見或是無心的行動和決定。反之若是我們覺察到自己的情緒，可能就不會做出那樣的行動和決定。

到自己正在經驗它們的時候，問題才會產生。在這樣的情況下，那些沒有被承認的情緒，會導致各種具傷害性、我們不樂見或是無心的行動和決定。反之若是我們覺察到自己的情緒，可能就不會做出那樣的行動和決定。因此我們需要養成洞察力。它在那些影響著我們的情緒上打亮一盞覺察的燈，於是我們能夠**選擇**如何行動。

我們要保持覺察的，不僅僅是**感受**。《教孩子跟情緒做朋友》一書中，我們提出「檢視」（SIFT）一詞，代表了身體感官知覺（sensations）、視覺心像（images）、情緒感受（feelings），和念頭（thoughts）——亦即你會在內在經驗到的各種衝動和影響力。這串清單還可以寫得更長：回憶、夢想、欲求、希望、渴望，還有其他在你心裡活動的力量。洞察力來自於「檢視」這各色各樣的影響力，對它們保持注意。一旦我們這麼做，我們便擁有掌控它們的

力量，這麼一來，即便它們也許仍影響著我們，也是在我
們清楚的覺知之下，而我們可以致力於疏導那些衝動，不
至於讓它們殘酷地輾過我們的生活，導致傷害性的決定和
行動，傷了自己也傷了身邊的人。這就是為什麼洞察力能
夠給我們帶來力量。而且是超能力！有了洞察力，在感受
和情勢面前，我們不再無
能為力。我們能看見
內在世界正在發生
什麼事，做出有
意識、意圖清晰
的決定，而非盲
目跟從具毀滅性
的無意識衝動。

洞察力給我們力量。
而且是超能力！有了洞察力，在感
受和情勢面前，我們不再無能為力。
我們能看見內在世界正在發生什麼
事，做出有意識、意圖清晰的決定，
而非盲目跟從具毀滅性的無意
識衝動。

玩家與觀眾

　　看見自己的內在世界發生什麼事，意思是指，我們承
認並擁抱當下的情緒，同時觀察我們自己對情緒的反應。
數個世紀以來，科學家、哲學家、神學家與各種思想家，
對此已有過無數的討論。有時他們說那是如實如是地覺知

意識的不同面向。也有人提出過雙重歷程理論（dual process theory）。但無論用詞為何，這個概念實質上都是指，我們感覺著我們的感受，同時也看著自己感覺那些感受。我們是觀察者，也是被觀察者。我們是經驗者，也是經驗的目擊者。用孩童能懂的語言來說，就是我們既是賽場上的玩家，也是看台上的觀眾。

　　舉例來說，想像你坐在車裡。你剛帶孩子看完電影。在電影院裡，你決定放縱一下，買了貴得要命的電影院爆米花，而不是偷偷在包包或大衣口袋裡挾帶預先在家微波好的爆米花。（你一定這麼幹過，對吧？）現在，在回家路上，你的孩子卻沒有展現出快樂與感激之情，而是互相抱怨、吵著誰要先幹什麼，越吵越大聲。也許今天天氣特別熱，不知怎地車裡的冷氣有點不靈光。後座的混亂節節攀升，你的情緒也是。你開始進入紅色警戒區。你勃然大怒，而且覺得自己快要控制不住了。若是沒有洞察力，你的下層大腦可能會接管一切，讓你失控發飆、對孩子尖叫、開始數落不知感恩、被寵壞的孩子的種種不是。

　　這個當下的你，從電影院開車回家的你，就是我們所謂的「玩家」版本的你──就如下頁插圖上方所示。你就在賽場上，比賽正進行著，而你正處在賽局最激烈的中心。

玩家與觀眾

對玩家來說，除了繼續玩下去，努力撐過眼前接連跳出來的狀況，就很難再多做什麼了。

然而，假如你可以從一個亂局的外部角度，觀察那個當下、玩家版本的你，會如何呢？玩家的你身處賽局之中，無法綜觀全局，而身為觀察者的你，卻是在看台上做個「觀眾」，旁觀這一切——如同上頁插圖下方所示。

你看得出來，看台上的觀眾如何能以某種玩家辦不到的方式保持鎮靜嗎？觀眾能保持洞察與透視的視角，即使玩家正全身心火熱地經歷當下每個片刻。

在你開著空調不良的車，載著搗蛋的孩子離開戲院，覺得自己紅色危機逐漸升高，快要控制不住大人的脾氣時，這種洞察方式和觀點非常便於應用。在悶熱汽車裡的你，就是賽場上的玩家。同時你也可以想像有另一個觀眾的你，漂浮在汽車上方，俯視著玩家的你和後座的孩子們。

觀察者不需要成為車裡所有騷亂和情緒的俘虜。她的任務單純是關照玩家的情況。她只需要觀察。照看。她不提出批判、譴責、糾錯，因為她知道感受的重要性，就算是負面的。她只是看著整個局面，留意正在發生的事，包含玩家的怒火正如何節節升高。就算當下的玩家覺得自己怒氣沖天，覺知不到自己內部正在運作的種種情緒，觀眾

洞察力幫助你看見，你並非自己的情緒和處境的受害者。

還是可以謹慎地「檢視」整個情況，對事件取得一個更完整——也更健康——的觀點，有時甚至可能從中看出趣味。

　　對於這樣的情境，你覺得觀眾會怎麼看？換言之，當你坐在那裡，抓著方向盤的手指緊到指節發白，如果你能花幾秒鐘，從整個局勢之外某個冷靜且平和的位置來看自己，你會對自己說什麼？觀眾版本的你可能會說：「被惹火了也沒關係。誰不會呢？這是人之常情。可是別忘了孩

觀眾提供觀點

子們已經累了，我也是。他們不是總是這麼難伺候，只是現在感覺起來是這樣而已。他們只是小孩。我現在要來做一個深呼吸，讓身體感覺放鬆。我要播那首孩子喜歡的歌，努力不說出會讓自己後悔的話，很快我們就到家了，然後全部的人都可以冷靜下來。如果我想針對孩子的行為說點什麼的話，我會等到全部的人都回到綠色安全區再說。」

倒不是說這種洞察力和覺知力很容易。它需要練習。

但只要你願意投入，一個簡單的觀察動作，就能大大提升你在擾人情境裡所需的洞察力，幫助你控制自己的行為。非常地有用！

　　上述的例子當然是有關**做父母**的洞察力。不過你一定也看得出來，同樣的概念可以怎麼應用在孩子身上。孩童需要達到一定的發育程度才有能力理解這個概念，等到年紀稍大一些，較擅於複雜的思考時，才能做得更好。不過即使你的孩子還很年幼，你仍可以在他們不高興的時候，引導他們留意自己的感受和身體的反應，以便建立基礎。達到洞察力的關鍵，對成人和孩童而言都相同，就是學習在激烈的情境當中暫停一下，採取觀眾的視角。力量便在這裡：在暫停裡。

暫停中的力量

　　培養洞察力，是關於發展並運用在事件當下暫停的能力，採取觀眾的視角凝視玩家，取得清晰的觀點，將事件立體化，做出合理的決定。我們總是太常在受到刺激時就立即做出反應。例如車裡的吵鬧總讓父母瞬間崩潰。或是過度小心翼翼的四年級生，在數學考卷上遇到一則困難的

崩潰的起點

題目，就焦慮到連考卷都寫不下去，更別提想要保持冷靜好好表現了。

當我們不懂暫停，制式反應主導一切，那麼就幾乎不可能停留在綠色安全區裡了。我們就是這麼落入 No 大腦狀態裡的。

然而，要是我們可以穿插一個小小的暫停，局勢便有所不同。看著熱烘烘的車裡的你，觀眾版本的你可以開口幫忙，提醒你做個深呼吸，換幾個不同的角度看事情。也可能是，你的九歲女兒被困難的數學題嚇壞時，暫停一下

能讓觀眾版本的她進來幫忙，給玩家版本的她一個機會，喘口氣放鬆一下。再次強調，這之間的差別——還有力量——就在暫停裡。

要孩子在困難的情況中暫停一下容易嗎？當然不容易。那孩子們自然而然就能學會嗎？其實就連多數的成人都未必辦得到。我們要重申，洞察力是一種需要學習與實踐才能得到的技巧。對一個四年級生來說，在焦慮中與自己對話、使自己冷靜，要達到這種洞察力，她需要大人在日常生活中教導這種技巧（並親身示範），並且提供她許多練

習的機會。像是這個案例，她和父親也許已經對她在考試中過度緊張的傾向有過許多次討論，然後一起想出某個「祕密小提示」，讓她在快要被焦慮吞沒的時候可以依靠。他可能會教她，重要的地方是，首先要注意到恐懼——這就是觀眾登場的時刻——然後去看她的手環（bracelet），這樣就能提醒她另外一個也是 br- 開頭的詞：呼吸（breathe）。

　　然後，她就可以試著放鬆肩膀和肌肉，釋放威脅著要壓倒她的緊張和焦慮。歡迎，Yes 大腦。就從一個暫停開始。它帶來了我們之前曾經提及的彈性反應能力。

　　扼要地說，在刺激和反應之間，我們需要一個暫停。這麼做會打斷我們對刺激立即產生反應的自動性，好讓我們能夠選擇如何回應——無論是情緒上或行為上。少了暫停與隨之而來的洞察力，就沒有選擇——只有制式反應。但是當我們練習彈性地回應，在做出回應之前先暫停一下，我們就在刺激與行動之間創造出了一個暫時的心理空間。從神經生物學的角度來看，這個心理空間讓一系列的可能性都有機會被考慮。在啟動任何「做什麼」的行動迴路之前，我們可以只是和某個經驗「在一起」，思索它一下。彈性回應能力給我們一條道路，讓我們在事發當下可以選擇成為「最明智的我」，給自己和身邊的人都減輕壓力、

也創造更多幸福。

　　我們當然明白，要在一個激烈的時刻中間暫停，說的比做的要容易多了。但那是做得到的。真的！今天就可以。經過練習，你會越來越精進。它可能會、也可能不會成為你遭遇困難時的預設反應，不過你會覺得越來越熟練、上手，成為你最常仰仗的反應方法之一。

教導孩子暫停的力量

　　更令人振奮的是，你可以即刻開始幫助孩子培育這項重要能力。正如同數學考試中的女孩學會了暫停和讓自己冷靜下來的能力，你的孩子也能學習在面對類似的阻礙時發揮洞察力。假使他們學會在面對挑戰時暫停一下，做出具有洞察力的選擇，想想看，他們的人生將變得多麼不同（包括他接下來的童年、青春期、還有成年期）！再想像當有一天他們為人父母，他們會成為多麼和藹又充滿關愛的父母！在孩童年幼時就建立起洞察力和彈性回應力，真的會為接下來好幾個世代的情緒和關係上的成功打好基礎。

　　我們認識一個小女孩，愛麗絲，一年級生，她將這個 Yes 大腦的概念運用得淋漓盡致。有天爸媽告訴她，他們要

假設他們學會在面對挑戰時暫停一下，做出具有洞察力的選擇，想想看，他們的人生將變得多麼不同（包括他接下來的童年、青春期、還有成年期）！再想像當有一天他們為人父母，他們會成為多麼和藹又充滿關愛的父母！在孩童年幼時就建立起洞察力和彈性回應力，真的會為接下來好幾個世代的情緒和關係上的成功打好基礎。

搬家了。離開原本的家和朋友，是她最不樂見的事，所以聽到這個消息時，她嚎啕大哭。她的爸媽傾聽她的心聲，讓她盡情哭泣。別忘了，洞察力的目標並不是要抄捷徑，縮短情緒作用的時間。感受是好事，無論是哪種刺激，感受都是重要與健康的回應。與其迴避情緒，更重要的是全然地和當下的感受共處，從刺激中培養出能夠做出更明智健康決定的洞察力。

愛麗絲花了些時間吸收這個訊息後，她暫停了一下，然後決定做一件她喜歡的事：用說故事的方式來講述這個事件。她寫下接下來這段文字，並且在爸爸的協助下拍了一小段相關影片：

小燈泡

大腦很重要。它裡面有好多感受，像是傷心、生氣、快樂、愛玩。我覺得感受就好像一串小燈泡。我快樂的時候，小燈泡就發亮。可是太多燈泡一起發亮的時候，我就覺得很困惑和害怕。

我覺得因為現在我要搬家了。搬家讓我覺得傷心和害怕。可是我也覺得有一點點興奮。

如果你有時候也覺得太多燈泡同時發亮了，安靜地坐一下，做個深呼吸。那樣會感覺很好。

這正是一則運用洞察力管理情緒與回應方式的範例。由於察知到自己的悲傷和恐懼（還有一點點興奮），愛麗絲便能關照自己的情感，並且用具有建設性、健康的方法加以回應。請留意，這則故事完全是以「觀眾」版本的愛麗絲的角度所寫出來的。「玩家」版本的愛麗絲是那個哭泣的、覺得困惑和害怕的愛麗絲。那也是愛麗絲自我的一個重要面向，她需要去保持覺知、甚至擁抱那個部分的自己。但是因為她能夠切換到觀眾的版本，從外部的角度來檢視自己的處境，於是她能掌握整體視角，發揮洞察力。愛麗絲藉此展現了她的整合能力——她同時擁抱了玩家與

觀眾兩個不同的內在自我。這正是整合能力的本質——將經驗與自我的各個不同部分和面向連接在一起。而整合能力即是 Yes 大腦的核心。愛麗絲甚至能為其他正感到困擾的人提供建言，像她在影片裡建議的：安靜地坐著，做個深呼吸——這恰恰是在刺激與反應之間，那個必要的暫停。

　　不是所有的六歲小孩都能發展出這種 Yes 大腦式的洞察力，更別提這種清晰的表達能力了。顯然愛麗絲的父母為她提供了豐富的情緒詞彙，也尊重她的感受，關心她的內在世界。但隨著練習，大多數孩童都能提升自我理解和彈性回應的能力。有個男孩在父母教會他「為情緒命名」的技巧後，這名四歲的幼童便經常運用複述經驗的方法，來讓心中不高興的情緒緩和下來。

　　比方說，有天傍晚他到表哥家，和表哥一起看了一集《史酷比》（Scooby-Doo）卡通，那一集的內容裡有座鬼屋，和嚇人的「鬼」（當然，那些鬼只是故事裡的反派角色搞出的詭計，如果不是那幫愛管閒事的主角，詭計最後一定會得逞的——史酷比的經典劇情公式）。回家後，到了睡覺時間，他告訴媽媽：「媽媽，我要再講一次史酷比的故事。」他會詳細講述自己看到的，他的媽媽則會追問一些細節，問問是什麼讓他感到害怕（「那隻『鬼』長什麼樣

子呀？」），幫助他重新定義內在的恐懼，也記起結局，就像男孩自己說的，原來那隻鬼只是「這樣的透明的襯衫，還用一個拉鍊拉起來」。

藉著要求再講述一次自己的故事，男孩展現出了他的洞察力，當時，他從觀眾的角度看見，他需要做點事來幫助玩家版本的他不再害怕。他也在實質上表現出了彈性回應力，在恐怖的畫面刺激他產生反應之前，做出暫停，而這個暫停便能帶來健康與具有建設性的決定。

這正是從 Yes 大腦中浮現的洞察力。也是我們希望帶給所有孩童的。如此一來，他們便有能力監看自己的情緒和感受，保持自我覺察。

我們期望孩子在困境發生時，能夠以他們的年齡和發育程度所允許的最佳程度，注意到自己的內在世界，發現自己的感受正變得混亂。光是留意感受或痛苦這個舉動，就能幫助他們掌握主導權，避免情緒或行為上的失控。意即，洞察力帶來的不僅只是對內在世界與情緒感受的深刻理解，它也會帶來對情緒和行

洞察力帶來的不僅只是對內在世界與情緒感受的深刻**理解**，它也會帶來對情緒和行為的調節能力。

為的**調節能力**。調節能力來自於整合。而洞察力讓我們能
夠保持覺知，將經驗中的各個不同面向連結起來，因而創
造出整合。增添了這份由洞察力帶來的調節能力和平衡力，
將為孩童本身和全家人，創造出更多的平靜與幸福。

你可以這麼做：促進洞察力的 Yes 大腦策略

促進洞察力的 *Yes* 大腦策略 #1: 重新定義痛苦

　　大多數的孩童（還有大多數成人）都認定，掙扎絕對
是負面的。 假如有一個決定比另一個決定更簡單，那麼
它一定是比較好的決定。這是玩家角度的思考，那個處在
情境當下，只想著存活下來就好的自我的想法。但是觀眾
知道的更多，我們希望教給孩子這樣的洞察力。我們想要
重新定義孩子所經驗的痛苦，幫助他們理解，掙扎不必
然是一件壞事。卡蘿・杜維克所提出的成長心態（growth
mindset）與定型心態（fixed mindset）的觀念在這裡就顯得
很重要。面對掙扎，我們可以培養成長心態，相信自己能
夠從奮鬥和經驗中成長。這樣的心態讓我們有能力洞察到，
如何運用恆毅力（grit）去應付挑戰——心理學家安琪拉・
達克沃斯（Angela Duckworth）在她的研究中指出，具有恆

毅力特徵的孩子，更能在面對挑戰的時候堅持下去。反之，定型心態則是一種認為困境會暴露弱點的想法，相信即使付出努力也不能改變天生的能力，所以總是傾向避免未來的挑戰。並且以為，人生應該永遠成功，應該要很輕鬆容易才對。

教養孩子不是要告訴他們「人生本來就不公平」這種老生常談，或是苦口婆心勸他們辛苦工作和延遲滿足的重要性。我們可以告訴孩子的是，生命是一場需要付出努力與探索未知的旅程，並非彈指就能抵達成功的目的地。透過這樣的方式，我們教給他們洞察力，促成「成長心態」。這些都是有助孩子學得很好的課題。這裡有一個實用的觀點，可以用來促進孩子在面對困難時的洞察力，只要問一個問題：**兩邊都是挑戰，妳情願選哪一個**？

舉例而言，假設你十歲的女兒喜歡擔任冰上曲棍球隊守門員的位置，卻討厭在球隊固定的活動時間外增加額外練習。在你發現這個問題之後，你可能會很想對她說教，諸如「沒有辛苦付出怎麼會有收穫」或「有天份但不努力的人，最終還是會輸給沒天份但是很努力的人」之類的說法。然而，如果你不說教，只是幫助她釐清自己的現況，做出一個考慮周詳、有洞察力的決定，結果會是如何呢？

你們之間的對話可能會像這樣：

女兒：「每次都是克莉絲朵（Crystal）當守門員，都輪不到
　　　我。」

父親：「真令人失望，對嗎？」

女兒：「對啊。我知道她是最厲害的，可是那是因為練習
　　　時間結束之後，教練還會幫她鍛鍊。」

父親：「團練時間結束之後，妳會想多留一會兒，跟教練
　　　一起練習嗎？她之前有提過。」

女兒：「可是團練時間已經要一個半小時了。這樣的話要
　　　待在滑冰場上好久喔。」

父親：「原來如此。那我們試試看這麼想。記得我們談過
　　　關於犧牲的話題嗎？」

女兒：「我記得，爸爸。我知道如果我要變厲害，就要犧
　　　牲──你已經講過一千次了。」

父親：「我想說的不是這個。我只是想告訴妳，不管怎麼選，
　　　妳都會有所犧牲。好消息是，妳可以**選擇**要犧牲哪
　　　一邊。」

女兒：「什麼意思？」

父親：「當然，團練結束之後繼續留下來，練習倒退溜冰

和防守的技巧，是一種犧牲。不過如果妳決定**不要**花時間額外練習，那也是一種犧牲，因為妳犧牲了進步的可能性，還有更常在比賽裡擔任守門員的機會。」

女兒：「我想是吧。」

父親：「真的，好好考慮吧。我知道兩種選擇都有缺點。不過就某方面來看，這樣也不錯，因為妳可以**選擇**妳比較想要的方式。妳可選擇犧牲時間，參加額外練習，得到更多擔任守門員的機會，也可以選擇早點離開滑冰場，也就是說，妳在球門前的時間就會比較少。這全是妳的決定。」

留意到這位父親如何為女兒重新定義了這個問題嗎？他幫助她抽離整個局面，從觀眾的角度來看事情，讓她看見更完整的選項。他沒有將她從兩難困境中直接拯救出來，也沒有試著去除相關的不適感。他單純地幫助她認知到自己的能動性（agency），看見自己不需要感覺像個受害者，在事件中沒有發言權。這就是在培育她的洞察力。

這一類的對話也許還要重複多次，才能讓這個觀念真正深化，我們也不是要說，用這個方法就能免除所有孩子

重新定義痛苦

在面對困難抉擇時的挫折和自憐。但只要她學會如何切換
到「觀眾視角」，也經常從旁得到她可以為人生做選擇的
提醒，那麼最終，這個年輕的女孩將會發展出越來越強烈
的決心、堅毅的特質，以及一份強健且富洞察力的自我感。
試想一下，有了這種思考能力，在將來的人生中，遇到需
要做出艱難、重大決策的情況時，會多有幫助！

　　選擇情願犧牲哪一邊，這個道理對特別幼小的孩童來
說可能太過複雜，但我們還是能幫助他打下基礎，以便將

來熟練這個概念。當一個三歲孩童拒絕為出門做準備，我們可以對他說：「如果我們要去拜訪蘿拉阿姨，你得先穿好鞋子。之前你還很興奮可以見到她。你現在還想去嗎？」這麼做就是在為你的幼兒提供機會，練習在兩種負面選項中進行選擇（穿上鞋子，或是錯失與蘿拉阿姨見面的機會）。當然，運用這種技巧的時候必須十分謹慎，畢竟，類似「取消跟蘿拉阿姨的會面」這種選項，在多數的情況下，很可能不是一個真的可行的選項。讓你的三歲孩子說你吹牛，你還得設法解決這個情況，可不是件有趣的事。

　　從抗拒穿鞋，到決定曲棍球練習時間，到如何解決代數問題，我們最終極的目標，是幫助孩子對確認和理解自己感受的能力變得更有自信，同時發展出個人洞察力。

　　最新的科學研究結果也支持這則重新定義掙扎和彈性回應能力的概念。它的涵蓋範圍甚至超越了孩童日常面對的掙扎。改變兒童如何看待經驗的觀點，甚至能夠減緩實質的創傷和後續效應。有可能兩個人經歷同一個事件，其中一人受到創傷，另一人卻沒有。甚至有專門的術語——「創傷後成長」（post-traumatic growth）——來形容這樣的歷程：當一個人克服了創傷和生命的挑戰之後，經驗到深刻的正向轉變。儘管有些人嚴重陷入創傷走不出來，而其

他人——有些研究指出高達百分之七十的創傷倖存者——卻表示自己從痛苦中收穫了正面的成果（包括更強的個人力量、對生命與所愛之人的感激之情、更深的同理心，還有其他許多）。

　　是什麼造成了這樣的差異？再次重申，就很大的程度來說，力量就在暫停裡，它創造了洞察力，令我們得以**選擇**如何回應，以及從混亂或可怕的經驗中創造出意義。比起事件本身，對困境的洞察與觀點，更能決定這個經驗是多負面或多正面、將會影響我們多深。就連瞭解到壓力意味著某件有意義的事情正在發生，就能改變大腦解讀我們的身體緊張、快速的心跳與呼吸的方式。「如果我們在意某件事，自然會產生壓力」，當我們具備這種重新定義壓力的洞察力，便能將負面結果轉化為中性，甚至是正面的。這正是為什麼我們要為孩子重新定義痛苦，讓他們知道，只要勤加練習，他們就能夠**選擇**看待逆境的方式。他們無法控制發生在身上的每件事，但藉由我們的協助，他們可以培養並練習在立即反應之前先暫停的能力，對自己的感受有所覺知，不衝動行事，進而能夠選擇如何與他們的世界互動。

促進洞察力的 *Yes* 大腦策略 #2: 避免紅色火山爆發

　　要幫助孩子學會玩家和觀眾這個概念，「紅色火山」（Red Volcano）是個實用的方法。它是個簡單的概念，幾乎所有年齡層的孩童都能立即理解，理論依據是我們在第二章中介紹過的自律神經系統運作方式。記得高度受刺激的交感神經系統（踩到底的油門）會在我們心煩時把我們推進紅色警戒區嗎？我們發現，讓孩子認識這種造成紅色警戒的神經系統刺激，在幫助孩子鍛鍊洞察力、管理情緒和行為時特別管用。

　　用最簡單的方式來說，當我們任何一個人（無論大人

紅色火山

紅色警戒區

綠色安全區

藍色陷落區

升高的刺激
洞察力幫助我們
在進入紅色警戒
區前暫停一下

小孩）對某件事感到煩躁時，神經系統承受的刺激就會增加。我們會在身體裡感覺到：心跳加速、呼吸變快、肌肉緊繃，體溫也可能上升。我們可以把惱人的刺激造成的情緒反應想像成一個鐘形曲線，這個曲線我們對孩童形容它為紅色火山。

當心煩意亂的程度逐漸高升，我們會往紅色火山山頂的方向移動。那是危險的地方，因為一旦爬到山頂，我們就進入了紅色警戒區然後爆發，失去控管情緒、決策和行為的能力。最終我們會「完成這道曲線」，從山頂的另一邊滑下來，重新回到綠色安全區。當然，盡可能避免真的跑進山頂的紅色警戒區失控爆發，還是比較理想一點。

再次提醒，心情不好絕對不是一個問題。我們有必要讓孩子認識這個觀念。感受自己的情感並且表達它們，是正面而且健康的（就算是特別強烈的情感）。不管是令人不舒服的「壞」感受，或是令人舒服的「好」感受。而這些強烈情感造成的神經系統刺激本身，以及去覺知到它們、甚至對自我或他人表達出來，都完全不是問題。實際上，開放看待內在反應、不試圖扼殺它們，對我們很有助益，因為這種刺激提醒了，我們正往火山頂前進且即將爆發。變快的心跳、短淺的呼吸、緊繃的肌肉都是值得我們注意

的重要警訊，假如是在求生的情境下，它們會幫到我們。因此，我們需要讓孩子明白，經驗情緒是件好事，也要對身體正在經驗到的任何事保持開放，但我們必須協助他們建立洞察力，學會認出交感神經系統刺激升高，正把他們往紅色火山頂上推的徵兆。這一層認知將會在刺激與反應之間，創造出有力的暫停。沒有這個暫停，孩子很容易就直接衝向山頂，進入混亂、不可理喻的紅色警戒區中。

這個概念與「玩家與觀眾」的觀念完美地互相銜接。舉例來說，你發現八歲的兒子只要幾個小時沒進食，就會從甜美的小天使，一秒變身成「飢餓大怒神」。你不必理解低血糖症狀和它如何影響情緒的種種細節，也能辨認出兒子的模式。等他頭腦清醒的時候——可別在他正在抓狂的時候這麼做！——你可以開啟像是這類的對話：「記得剛才找不到道奇隊的球帽的時候，你有多生氣嗎？平常這種事情不會讓你那麼暴躁的。你覺得是為什麼呢？」由此你便可以指出你留意到的模式：有時候要是沒有吃東西，他就會爆發不尋常的怒氣。接著向他介紹紅色火山的概念，再進一步說明什麼是「玩家與觀眾」，並告訴他，當他的觀眾看到玩家變得好煩的時候，就去找顆蘋果來吃，看看這會對心情帶來什麼影響，說不定是個好主意。再次提醒，

要達成這種程度的洞察力並非立即的，但是經過鍛鍊，孩子辨認內在發生、在衝到火山頂前先暫停一下再採取行動的能力，將會不斷提升。這份洞察能力將伴隨他一生，持續為他帶來好處。

　　我們希望教會孩子在被完全劫持前就能辨認出來的情緒，不只是憤怒。記得那個擔心數學考試，需要學會如何辨認出焦慮的女孩嗎？或是想像有個第一次參加營隊，正在跟想家的情緒對抗的孩子。或是有個處在團體中很容易就覺得不堪負荷，而開始封閉自我、拒絕和他人互動的孩子。所有這些孩童、所有這些情緒，都需要洞察力這項工具的幫助。他們需要學會留意自己身體和情緒的感受，在做出反應前先暫停一下。他們需要由家長教導他們，大多數的情況下，在衝向紅色火山山頂之前，他們都可以選擇先暫停，做出一些改變。

具有 Yes 大腦孩童：教導你的孩子洞察力

　　促進孩子的**辨識能力**，讓他們在脫離綠色安全區、失去上層大腦的控制力、開始抓狂之前就能有所警覺，是我們能送給孩子的最好的禮物之一。

具有 Yes 大腦孩童

我們再來聊聊你的感覺吧。聊聊紅色警戒區，也想想看你能做些什麼，讓自己一開始就不用跑到紅色警戒區。只要你待在火山比較低的地方，你就是在綠色安全區裡，在那裡你會感覺平靜祥和。

可是當你的感覺變得越來越強烈，越來越煩的時候，你就會往山上爬，走向紅色警戒區。猜猜看等你爬到山頂的時候，會發生什麼事？你就爆炸了！

爆炸的意思是，你可能會對人大吼大叫、亂丟東西、傷害別人或是失去控制。

不高興不是一種錯誤。可是，如果我們能夠讓自己不要衝到火山頂呢？如果我們可以在剛開始覺得不高興的時候，就發現自己在不高興，然後不要爆炸？如果我們暫停一下，做個深呼吸，是不是比較好？

這是發生在小布（Brody）身上的事。他的哥哥凱爾（Kyle）跟他玩丟球，結果丟中他的眼睛，小布好生氣！他好想對凱爾丟東西，或是用很難聽的話罵他來報復他。

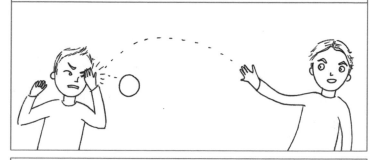

可是，小布暫停了一下，做了一個深呼吸。這就是關鍵。他想到了紅色火山，所以他讓自己暫停。他還是覺得很生氣──跟原本一樣生氣。但是他沒有因為生氣就做出那些事。

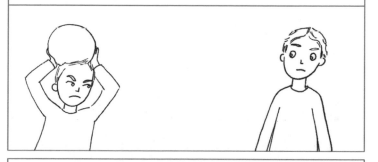

當你覺得自己也要跑進紅色警戒區的時候，你只要像小布一樣：暫停一下。不用努力讓自己不要不高興。只要在爆炸之前暫停一下。然後你就可以花一秒鐘，想一想不同的反應方式，像是請爸媽來幫忙，或是去對某個人訴說你的感受。

父母的 Yes 大腦：提升自己的洞察力

在本章的內容裡，也許你已經留意到，有別於平常的習慣，我們在討論如何提升孩童洞察力的同時，我們更是同時強調它對父母（或任何其他個人）的重要性。能夠覺察到並留意你的沮喪、恐懼或憤怒正不斷升高、發現自己快要脫離綠色安全區，是我們可以修煉的最重要的能力之一（為了孩子，也為了你自己）。如此一來，你就能暫停一下，切換到觀眾視角，帶著洞察力與意圖回應刺激。

能夠洞察當下正在發生的事，與能夠洞察過去已經發生的事，兩者同等重要。我們在輔助家長的

然而比起我們的童年發生了哪些事，更重要的是我們如何看待自身的童年經驗，並為之賦予意義。當我們運用洞察力來檢視記憶，察知過去如何影響著今日，就能自由地為自己建構一個嶄新的未來，靈活地養育我們的小孩。研究結果清楚地顯示：為自己的人生下定義，我們便能從過去的牢籠中解脫出來，獲得洞察力，以此幫助我們創造夢想中的今日和未來。

過程中，經常被問到的問題是：「要是我自己的父母並不稱職，表示我也會變成不稱職的家長嗎？」家長們總是擔心，自己是否註定要重蹈上一代的覆轍。

　　科學為我們提供了明確的答案：絕非如此。沒錯，父母如何養育我們長大，當然會影響我們看待世界和教養子女的方法。然而比起我們童年發生了哪些事，更重要的是我們如何看待自身的童年經驗，並為之賦予意義。當我們運用洞察力來檢視記憶，察知過去如何影響著今日，就能自由地為自己建構一個嶄新的未來，靈活地養育我們的小孩。研究結果清楚地顯示：為自己的人生下定義，我們便能從過去的牢籠中解脫出來，獲得洞察力，以此幫助我們創造夢想中的今日和未來。但具體來說，究竟什麼是「為自己的人生下定義」（make sense of our lives）？丹尼爾整個職業生涯過程中，持續不輟地為這個命題寫作，在他與瑪麗·哈柴爾（Mary Hartzell）合著的《不是孩子不乖，是父母不懂！》（Parenting from the Inside Out，中譯本由野人出版社出版）一書中，也特別著墨於這項命題。假使你想更深入地探究，那本書會是一個絕佳的起點。這裡我們先為你介紹一些基本概念。為自己的人生下定義的主軸在於建立「連貫敘事」（coherent narrative），作法是透過深入反

思自己的童年家庭經驗，無論是正面經驗或負面經驗，由此，我們獲得深刻的洞察與理解，明白到那些過往歷史如何形塑出長大後的我們。我們既不逃離或遣散過去，也不被過去消耗或占據。相反地，我們自由地反照它，並選擇如何回應。

這裡有一則連貫敘事的範例：「我的母親總是處在憤怒之中。她愛我們，這點無庸置疑。可是她的父母從來沒有善待過她。她的爸爸老是在工作，媽媽則是個偷偷摸摸的酒鬼。我的母親是六個兄弟姊妹裡最年長的，所以她永遠認為自己必須當個完美的楷模。因此，她把一切的痛苦隱藏起來，不過只要任何事一出差錯，她沸騰的情緒就會傾巢而出。我和妹妹通常首當其衝，有時甚至會遭到毆打。有時候我擔心，我會不會對我的孩子們太寬鬆了，但我想一部分的原因是，我不希望他們承受必須活得完美的壓力。」

就跟我們大多數人一樣，這位女性顯然也有個不盡理想的童年。但是她能夠清晰地談論童年，甚至對母親展現同理心，沉思這一切對她自己和孩子的意義，還有她教養方式受到的影響。對於過去的經驗，她能提出明確的細節，輕鬆地從記憶轉換為理解。這就是連貫敘事。

　　許多人成長於還算理想（縱然不完美）的父母的照料下，他們的父母提供穩定和可預期的照顧，並且能夠敏感地回應孩子的需求。這樣的家庭環境能夠創造出安全型依附（secure attachment）。但是對另一些人來說，他們則像上文中的女性，實現了所謂「習得的安全依附」（earned secure attachment），意思是，儘管她的父母並未給予她能自然產生安全依附的童年，長大成人之後的她，還是能夠透過反思自己的童年、重新為過往經驗下定義，而改變她的依附模式，也因此改變了她養育孩子的方式。

　　反之，未曾做過連貫敘事這項內在工作，而得以發展出習得的安全依附的成人們，在需要洞察自己的過去時，就可能遭遇各種特定類型的困難。實際上，那些人可能甚至連有條理地陳述自己的生命故事都很難辦到。當有人問及早期家庭經驗時，他們也許會迷失在各種細節裡，甚至被近期的生活事件占據了心神。也有可能，他們無法回憶起童年時期情感上或關係中的細節，或可能完全與感情生活切斷連結。在最極端的案例裡，有些曾在幼年遭受巨大創傷和損失的人們，在談到過去的經驗時，他們的談話內容只是一連串沒有方向與缺乏組織的片段。

　　洞察力與連貫敘事，是我們用來認識自我，與理解過

去經驗如何影響我是誰的基礎，少了這兩者，我們會更難以在教養的現場保持臨在，提供我們的孩子安全和撫慰的溝通、讓孩子感到被看見，並建立起穩固的心理安全感。還記得四個「S」原則嗎？（人身安全、被看見、被撫慰、穩固的心理安全感）提供給孩子具備這四項條件的陪伴，就能創造安全型依附，而是否擁有安全型依附，是孩子能否健康茁壯的最佳預測指標。若我們未曾替自己的過去梳理出清楚的意義，就很有可能會在養育自己孩子的過程中，重演我們上一代的錯誤。

　　但是只要我們鼓起勇氣回頭看清楚過去，鍛鍊所需的洞察力，清晰而連貫地陳述出自己的故事，我們就能開始從自己過往的傷痛中得到療癒。這麼做等於是在把自己準備好，去與孩子創建起安全型的依附關係，而這份穩固的關係，會成為孩子一生中韌性的源頭。這是我們所能做的最重要的事情之一──為了自己、為了關係，也為了我們的孩

只要我們鼓起勇氣回頭看清楚過去，鍛鍊所需的洞察力，清晰而連貫地陳述出自己的故事，我們就能開始從自己過往的傷痛中得到療癒。

子。而它的效應是，我們選擇了讓自己更往 Yes 大腦的方向
發展，這將成為我們傳承給兒女們的特質，而他們會繼續
傳承給下一代，一代接著一代。

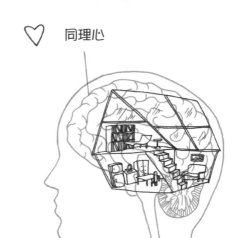

同理心

第五章
同理心的 Yes 大腦

　　當你還在學步期的孩子用玩具積木打你的頭，就算你一臉痛苦，她還是笑得吱吱咯咯，顯然毫無懊悔之情時，你可能很難想像，她將來長大會成為一個有同理心、關懷別人的人。或是，當你的五歲兒子披上斗篷、戴著大禮帽，命令全家人坐到他跟前觀賞他發明的魔術秀，看著他沒完沒了的演出（不能走喔，魔術還沒變完之前休想去上廁所！），不禁讓你懷疑，這個自我中心的孩子以後會不會成為一個懂得考慮別人的人。

　　不過呢，我們倒是認識一個十六歲少年——我們都叫他戴文（Devin）——他總是展現出昇華自我中心意識的能力，行為舉止充滿了關愛與體貼。他是個典型的青少年，

大多數青少年的狀況和自私傾向他都有：他會做出不理性的、年輕人才會做的決定，有時候對待他的妹妹有些太刻薄。但大體上來說，他還是擁有關心他人、同情別人感受的能力。

例如，前陣子他父親生日，戴文決定放棄和朋友計畫了好久的出遊，好花時間陪伴父親度過這特別的一天。就算是在公眾場合，他也經常擁抱他的祖父母。不需要人要求，他在公車上會主動讓座。大人們總是誇讚他非常貼心。

不太符合時下青少年脾氣乖戾、只顧自己、瘋狂自拍的刻板形象，對嗎？依據這些對戴文的描述，你八成會認為，他打娘胎就是帶著同理心出生的。但你錯了。

事實上，戴文很小的時候，父母就很擔心他似乎無法顧及別人的感受，或站在他人的角度思考，到了小學高年級快升中學的時候還是這樣。他的妹妹則是很自然地就會同情和關心別人——爸媽還得提醒她別「過度體貼」到了自我犧牲的程度，要更加捍衛自己的需求——而戴文顯然需要學習體貼和關懷他人的能力。當時戴文認為，跟他有不同想法的人就是錯的，而且他總是搶吃第一片生日蛋糕，也不留下最後一片披薩給別人。就算別人不高興了，他也無所謂。此外，他對待妹妹和學校同學的方式，老實說有

點像個惡霸。

年復一年，戴文的父母努力教導他，運用我們隨後會介紹的許多技巧，向他示範什麼是同理心。而如今，他的父母欣慰地看到，戴文漸漸長成了一個多數時刻都能展現同理心的青少年，也有潛力成為一個充滿關懷的成人，擁有良好的社交能力，能在滿大的程度上（以他的年紀而言），去理解並全心聆聽他人的想法。戴文正在發展出 Yes 大腦的第四個基礎特質：同理心。透過協助戴文培養出這個 Yes 大腦的重要面向，戴文的父母送給了他一份非常有力量的禮物，將會提升他接下來一生的整體品質。

具備關愛和同情特質的人，較少感受到挫折、憤怒和批判——尤其是當他們運用同理心做出對身邊的人有益的行動時。同理心是展現整合的一個好範例，在同理心之中，我們能感受到另一個人的感受，但不變成那個人——我們不需要過度認同對方，好像那個人就是我們。若區隔感不清晰，同情心泛濫成災，最終甚至會導致精力耗竭。不同於此，我們所指的同理心乃是源自於整合，是保持獨立的自我意識同時，開放地與他人連結，而不失去區隔性。讓我們來回憶一下什麼是整合：整合不是將所有元素都混在一起或變得同質，而是平衡與連結各個具差異性的部位。

擁有這種同理心的人，會更投入於道德感與倫理之中，對
他們而言，做對的事至關重要。假如他們將這樣的同理心，
與前一章提到的洞察力結合起來，結果產生的「第七感」
將令他們變得更有耐心、更能接納、更覺知與善體人意，
而這又會更進一步使他們享受到更深刻而有意義的關係，
整體而言更加幸福。正如同我們透過雙眼的視力看見周遭
發生的事而得到對外在世界的感知，「第七感」讓我們得
到對自己內在世界的感知（透過洞察力），或是對他人內
在世界的感知（透過同理心），同時間也保持住自我區隔
（整合）。

　　最令人興奮的事實之一是，由於大腦會因為重複性的
經驗而產生改變，這就表示，我們有許多種不同的途徑，
可以幫助孩童在生活中培養出第七感、促進同理心和愛心，
只要在你們日常的家庭互動中，強化大腦中能激發同理心
的連結，就能出培育上述特質。這些神經迴路出現在大腦
的不同部位——科學家們提到過來自下層大腦的「邊緣系
統的共鳴」（limbic resonance）現象，也提到過來自上層大
腦皮質區的理解和包容功能。你可以為孩子提供促進這些
大腦重要部位成長與發展的機會。

我的孩子太自私了嗎？

許多家長看見孩子表現出類似年幼時的戴文有過的自私特徵時，都會感到擔憂。人人都希望養育出樂於助人、善良又有同理心的孩子，因此當看見自己的孩子出現自利冷漠的性格時，總不免感到困擾。

當這些家長表達憂慮時，我們提醒他們，對幼童來說，大腦中掌管同理心的部位尚未發育完全，而同理心與關心他人的能力——以及 Yes 大腦的其他基礎特質——都是需要學習的。像戴文這個案例，就證明了孩童可以後天培養出體貼和關心他人的能力。我們稍後會更詳細地解釋，但首先我們要提醒你，當你留意到孩子的利己主義特徵時，避免不必要地誇大它的嚴重性。換句話說，當你覺得年幼的孩子看似缺乏同理心時，小心別反應過度。

例如，有可能只是你沒有給出足夠的時間，讓成長有機會發生。事實上，優先考慮自己，是符合典型的兒童發展歷程的；這為兒童創造更高的存活機率。但時不時地總會有家長走進我們的工作室，說：「我覺得我的孩子不懂得怎麼跟人交流。她既自戀又自私。除了她自己，她完全不會想到別人。」通常我們會問：「妳的女兒幾歲了？」

而他們會回答：「三歲。」這時，我們會帶著微笑安慰家長，現在就把人定罪，有點太早了，可別急著在網路上搜尋「監獄探親時間表」啊。他們首先需要的，不過是讓成長自行發揮作用。

　　有時候的情況則是，家長們發覺原本慷慨仁慈的孩子，突然顯得自私自利，於是便擔心起孩子從此發展成一個欠缺同理心的人。對於這類情況，我們第一步會先協助家長分析，是否孩子只是正在經歷某個過程，而孩子的表現正在傳達什麼樣的需求。我們會提醒家長，孩子的大腦和身體變化的速度很快，而那些變化必定會導致行為和觀點的改變。我們也會檢視孩子的生活中是否發生任何可能會給孩子帶來影響的轉變（無論事件大小），諸如：長牙、感冒、搬家、弟妹出生等。此外，發育陡增期（growth spurts）──身體、認知、動作──有可能造成其他領域的發展衰退。各式各樣的轉變與意外，確實讓父母們應接不暇。而人類的發展並非總是可預期與線性的，它更像是一個「進兩步、退一步」的歷程，有時還會上下顛倒或左右相反。意思是，就算我們努力針對眼前的局面找到了「正確的因應之道」，下一秒的情勢也可能轉眼就改變。因此，即便你的孩子近來顯得比平常自私，也不代表她的人格已

經發展出了某種重大瑕疵，以致餘生都展現不出同理心。

　　既然談到了這個話題，且讓我們提醒諸位，一件我們自己時時謹記的重要事實：身為父母這個角色，**當下**是你唯一需要專注之處。沒有錯，你正在協助孩子打造將來能沿用一生的能力，這是事實。但唯一能著力之處只有當下，此時此刻。別因為眼前的經驗而開始苦惱你的孩子到了十五歲或二十歲的時候怎麼辦。真的不需要。從現在到那時，還有**許許多多**的發育歷程會持續開展。這些 Yes 大腦的技巧是設計來支持現在的你們的，而隨著時光推演，它們會形成未來的能力。雖然我們身為兒童發展專家，早已從事過不計其數的發育研究，我們還是經常因為看見自己的孩子在短短幾週或數月內的跳躍式成長而感到驚奇！所以別掉進了憂心忡忡的陷阱，以為眼前的狀況——不管是自私、睡眠問題、尿床、鬧脾氣、一寫作業就抓狂，還是其他問題——會持續一輩子。妳的女兒到了即將上大學的年紀時，不會還在咬她的朋友的（如果會的話，也許你該給我們打個電話）。她也不會沒辦法好好坐在飯桌前吃晚餐。她也不會對周遭人們的感受和需求心不在焉。與其煩惱整個一生那麼大的問題，不如將時間切割成較小的區塊來思考，比如說一學期，或一季。假如你是個愛書之人，

身 為父母
這個角色，**當下是你**
唯一需要專注之
處。

你也可以用段落、頁數或章節的方式
來思考。給你的孩子幾個月時間
來走過這個段落、她人生的這個
篇章，放心地知道，只要你持續
愛著她、指引她、教育她，她會
穿越這項考驗，學習到能令她健康茁
壯的能力。

　　換句話說，我們想要傳達的重點是，即使你沒有在孩
子身上看見你希望他具備的關懷、體貼、愛護等特質，也
請抗拒落入宿命論的誘惑，給孩子貼上一生的標籤。相反
地，提醒自己，在接下來的時日，還會有許多進展持續發
生，接著聚焦在幫助你的孩子學會通往關愛和同理心的技
能。想當然耳，這些在成長過程中可以取用的能力必然會
關乎到未來 ，但我們唯一需要聚焦之處只有當下正在發生
的事。你們當下的互動才是學習真正發生之處。請謹記，
行為即是溝通。當看見孩子做出我們不喜歡的行為時，那
些行為其實正在告訴我們：「請幫助我！我需要學習這方
面的能力！」

　　假設你的孩子正因為乘法表而傷腦筋，你會想要讓他
做更多數學練習。同樣的道理，假如你看見孩子似乎缺乏

行為即是溝通

我們眼中看見的行為：

實際上它傳達出的訊息：

同理心，給他更多機會去養成一個有愛心的大腦。這是可以透過學習建立的能力。

　　這裡簡短地提醒一下什麼「不是」同理心：同理心不是透過犧牲自己來取悅他人。有些孩子就像戴文的妹妹，她的爸媽經常需要提醒她挺起胸膛捍衛自己。他們不斷地告訴她，大膽地拒絕別人，和勇敢要求自己想要的。我們不希望培養出只會迎合他人，卻不確定自己真正的渴望、也沒有能力照顧自己的孩子。我們只希望孩子懂得關心、有能力察覺別人的感受，但不需要忙著伺候生活中所有人對他提出的意見和要求。

　　同樣地，別忘了同理心有許多面向，**並不只是**關於理解他人的觀點。許多政客與銷售員皆深諳此道，而且利用這種能力去操弄他人。正因為如此，我們更需要教育孩子什麼是同理心。再次強調，同理心不僅僅是**理解**他人的感受和需求，它更關乎培養出一個真正能**在乎**他人的大腦。真正重要之處是去發覺人與人之間是如何地**緊密交織，彼此相連**。

　　終究，我們每一個人，都是獨特的、自我完備（self-contained）的個體：一個我。但同時，這個我影響著別人，別人也影響著我。我們生命中的他者是我的一部分，而我

也是他們的一部分。所有的人加總起來，成為一個集體的「我們」。同理心讓我們記得，每一個我都不僅只是一個單獨的「我」，同時也是與他人交織的「我們」的一部分。認知到這個集合體——丹尼爾把這稱作「MWe」——有助於產生一個整合的自我，這樣的自我不但更能關心他人，還能夠活出一個充滿意義、連結、歸屬於一個更大整體的人生。

同理心之鑽

如同我們已經見到的，事實上同理心存在著許多不同面向。基本的定義將焦點放在感同身受他人的處境和感受，關心另一個人正在經歷什麼。小說《梅岡城故事》（*To Kill a Mockingbird*）裡的角色阿提克斯・芬奇（Atticus Finch）曾說，我們從來不曾真正理解某個人，直到我們「爬進他的皮膚，而且穿著它四處走動」。這是關於同理心的絕佳描述。

不過在這裡，我們要給出更詳細的定義。接下來要介紹的是「同理心之鑽」（empathy diamond），它展示了同理心的五個面向，和許多我們可以應用的方法，來關心並

回應他人的痛苦：

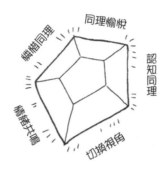

切換視角（*Perspective taking*）：透過他人的眼光看世界。

情緒共鳴（*Emotional resonance*）：感受到他人的感受。

認知同理（*Cognitive empathy*）：知曉，或是在智性上理解他人的整體經驗。

憐惜同理（*Compassionate empathy*）：對受苦的感知，而且想要減輕它。

同理愉悅（*Empathic joy*）：為他人的幸福、成就和福祉感到喜悅。

　　將上述每個同理心面向綜合起來，解釋了什麼是真正的感受他人，並伸出援手。當我們為他人付出，為改變世界帶來貢獻時，我們就是真正地活在道德精神之中。也就

是說，同理心會帶領我們直接做出基於道德良知的決策，比方說，既然我們關心他人，就不太可能對人說謊，或是竊取他人之物，或是用任何方式壓迫別人。

有意思的地方是，依據利他的原則行事，結果也能增進自愛。畢竟，若是我們一再地感受到他人的痛苦和煩憂，卻不做任何事去減緩它，我們會因為同情心疲乏而感到精力枯竭。而研究顯示，對受苦採取相應的行動，結果能增加喜悅。因此，在鼓勵孩子培養出同理心的過程中，我們希望滋養的是同理心之鑽的**所有**面向，包括為他人採取行動和提供幫助。我們希望孩子能接下挑戰，成為社會上的積極力量，而這最終也能為他們的生命創造更多喜悅。為他人服務，終究是讓我們自己的人生變得更好的最佳方式之一。

打造一個具備愛心迴路的大腦

關於如何幫助孩子培養 Yes 大腦的技巧——所有的 Yes 大腦基礎特質，但肯定、絕對不能少了同理心——我們給過家長最實用的訊息之一是，這些技巧全部都是在平凡的、日常的互動中建立起來的。換句話說，教養這件重責大任，

並不只是在嚴肅高深的對話中實現的，它也經常在我們單純跟孩子玩耍、說故事給他們聽、與他們拌嘴、開玩笑、一起閒逛中實現。神經可塑性的科學研究讓我們明確知道，所有的生活經驗都會型塑大腦，或好或壞，為孩子將來會長成什麼樣的成人，做出預備。

　　因此，在談論同理心時，用這種方式開頭的說教：「你應該更關心某某，因為……」幾乎不太可能像一次完整的經驗那樣給孩子留下持續的印象。當然，談論同理心的對話也很重要，但是你為孩子樹立的榜樣將更有威力，以及你自己在多大程度上，向孩子示範什麼是虛心聆聽、顧及他人的觀點和意見，與關心別人。如此以身作則，尤其是在孩子經歷困難時你對他們展現出的同理心，將幫助你的孩子培育出同理心的能力。當孩子看見你致力於活出充

我們的目標是，幫助孩子的大腦深刻地建立起能夠感知到他人與他人情感的迴路。我們希望讓孩子擁有能夠激勵他們去考慮和關心周圍的人們、做出對的事的神經元連結。我們想要滋養出一顆具備愛心迴路的大腦——不只關心別人，也關心道德是非。

滿關愛、覺察身邊人們需求的人生，他們會認定這是事情本來該有的樣子，同理心便更容易自動成為他們預設的處世態度。

　　然而，打造一顆有愛心的大腦，需要的不只是口頭教導和以身作則。孩子需要通過身歷其境，親身感受到用有意義的方法幫助他人，結果所得到的內在滿足和喜悅來學習同理心。或者在他們選擇不去幫助別人，結果卻感覺不太好時，也能學到同理心。大多數成人都能回想起小時候某些覺得自己應該伸出援手卻沒有這麼做，結果卻感受很不好的經驗；他們在回想這些經驗時依然感覺得到懊悔。這些時刻都是幫同理心鍛鍊肌肉的契機。我們的目標是，幫助孩子的大腦深刻地建立起能夠感知到他人與他人情感的迴路。我們希望讓孩子擁有能夠激勵他們去考慮和關心周圍的人們、做出對的事的神經元連結。我們想要滋養出一顆具備愛心迴路的大腦——不只關心別人，也關心道德是非。但除了口頭教導和以身作則之外，我們還能怎麼做？我們可以將他們的注意力導向身邊的人的需求。針對任何經驗或是一組訊息，只要我們重複給予關注，就能激活神經元並強化它們的連結。我們想要刺激神經元啟動和成長。我們想要把孩子的大腦「釘」（SNAG，譯註：Stimulate／

刺激，Neuronal ／神經元的，Activation ／啟動，Growth ／
成長，四個字的首字母縮寫。）在同理心的領域裡。

$$S \text{timulate} \quad 刺激$$

$$N \text{euronal} \quad 神經元$$

$$A \text{ctivation and} \quad 啟動$$

$$G \text{rowth} \quad 成長$$

　　別忘了，注意力所到之處，神經元就會發射訊息。而
神經元發射訊息之處，就會產生連結。大腦內部各處的連
結就是這樣鋪布的，也因此能夠產生整合。所以，將孩子
的注意力導向他人的觀點、讓他們關心其他的個體，只要
有過這樣的經驗，就能把他們的大腦跟同理心「釘」在一
起，因為那些注意力刺激神經元發射訊息，然後串聯在一
起，製造出有益於同理心形成的迴路。

　　戴文小時候他父母就是採取這樣的作法。他們花時間

引導戴文關注別人的經歷和心理，協助他考慮別人的感受，因此促進並強化了戴文腦神經突觸間的連結，最終讓他培養出真正的同理心，成果以一個十六歲青少年來說十分可觀。戴文的父母讀故事書給他聽的時候，會問這類的問題：「你覺得羅雷司（Lorax）現在是什麼感覺？為什麼他要因為萬事樂（Once-ler）把樹都砍光了就生那麼大的氣？」當他們一起看電影時，他們會偶爾把影片暫停，然後問：「老黃狗（Old Yeller）後來變得怪怪的以後，你覺得為什麼崔維斯（Travis）會那麼傷心？你覺得他應該怎麼辦？這種情形怎麼做決定才對？」藉著引導戴文覺察角色的情感和動機，他們讓戴文抽離自身之外，體認到電影和童書中的人物也擁有他們主觀的興趣和想法，和戴文自己的角度很不一樣。

從這裡開始，將同樣的問題套用在生活裡的真實人物上，才會變得更容易：「阿奇奇（Azizi）老師今天在課堂上，比平常的時候更容易發脾氣，對嗎？不知道早上到學校之前，她是不是發生了什麼事？」在每一天的日常對話中，基礎的問句──「你覺得為什麼愛許莉（Ashley）那麼傷心？我們能怎

整合帶來顯著的仁慈和同理心。

同理心是一種屬於 Yes 大腦的能力，有愛心的大腦可以被打造

麼幫助她？」——便能一步步建構孩子的第七感、道德感、和體察他人心意的能力。

多年來，在經歷過無數次這類型的對話之後，戴文的大腦變得更加整合，他從一個只顧自己的孩子，演變成一個經常（不永遠是）關心、投入到關係裡、有品德的青少年。這是整合大腦所能創造出的現實。整合帶來顯著的仁慈和同理心。

此外，戴文的父母為了引導他培養同理心，還做了另一個決定，就是允許戴文經歷他的負面情緒。如同你已經看過我們在書中一再重複強調的，重點**絕不是**去打造一個你希望孩子變成的版本，而是放手讓每個孩子自然發展成為他或她本來的樣子。培育一個有同理心的大腦，用意在於賦予你的孩子更多能力，而不是要把他們變成你想要的樣子。

截至目前，關於過度保護孩子會如何導致他們喪失學習機會，難以培養面對失望、挫折和失敗時的韌性，我們已著墨甚多。同樣地，用氣泡紙裹住孩子，也會妨礙同理心完整發育，因為同理心通常要在孩子自己經歷過負面情緒之後，才能浮現。每一次戴文的父母放手讓他感受傷心、挫敗和失望，不立刻出手干預或急著改正問題時，戴文的同理心潛能便會增長，道理在於，戴文自身的掙扎，會在

他的內在開啟一份空間，幫助他理解和認同他人的痛苦。當然，他的父母會坐在他身旁，支持他經歷痛苦，但是他們不會否認他的感受，或企圖轉移他的注意力，因為他們知道，負面情緒是重要和具有教育意義，甚至是健康的。

在戴文還非常年幼的時候，要做到這些，可能只需要在他因為祖母出遠門而哭泣的時候，多抱緊他一、兩分鐘，而不是馬上提議去烤餅乾，讓他抽離傷心。當他漸漸長大，要面對的失望也越來越大，像是中學時有次校外教學，他被兩個朋友甩開，只能獨自一人坐在巴士上，這時家長能提供的，就是在戴文述說自己害怕學校裡每個人都討厭他、他會一輩子沒有朋友時，專注地聆聽。在這樣的時刻，他的父母總得抵擋「設法把他弄回快樂的狀態、提供他各種建言」的誘惑，盡其所能地只先帶著關愛聆聽，放手讓戴文知道，情緒上的痛苦是什麼感受。他們會說：「那聽起來真的很教人孤單。比起今天校外教學時發生的事，你更擔心失去朋友。這真的很難受。」

直到戴文宣洩了他的痛苦，願意討論他的遭遇時，他們才會向他解釋，雖然經驗到情緒上的痛苦並不是件有趣的事，但是這可以幫助他，學會理解和關心其他感到孤單或擔憂的人。只有在陪在戴文身邊，允許他經歷感受之後，

下一步才能進入解決問題的階段，開始問更多關於整個情況的細節問題。

不把戴文直接從負面情緒中解救出來，避免採用縮短戴文情緒歷程的作法，他的父母更進一步幫助了戴文發展出 Yes 大腦的同理能力，也將他帶往成為一個有愛心的青少年的道路，而有一天，他將成為一個有能力進入深刻關係中的成人。

關於同理心的科學

在過去幾年間，科學家深入探究關於同理心的奧祕，研究成果越來越清晰地呈現，人類的大腦天生就具有關心的迴路，就算是非常幼小的兒童也是。舉例而言，十二個月大的嬰兒，在看見心煩痛苦的人時，會自然想去安慰他。學步期孩童儘管理所當然地總是專注在自己的需要和慾望上，但他們也能展現考慮和關心他人的能力，甚至能顧及他人的情感和意圖。一份研究檢視了研究人員和十八個月大兒童的互動。一旦幼童在研究人員身邊開始感到自在後，研究人員便假裝不小心掉落物品，而幼兒總會爬向物品，撿起它，歸還給研究人員。在另一種情況下，假設研究人

員故意將物品丟到地上，幼兒能夠辨認這種故意的行動，因此不會幫忙撿拾。換句話說，他們有能力察覺到大人真正需要幫助的時刻。有趣的是，研究人員在黑猩猩身上複製同樣的實驗，結果證實黑猩猩一點也不熱衷於幫忙，就算牠認識研究人員、視研究人員為朋友也一樣。牠們不像人類幼童展現出那麼多的同理心，顯然，即便如此幼齡，人類幼童的大腦裡已內建強大的同理心和合作特性。

　　令人欣喜的是，科學研究也已為我們透露，同理心是從何而來，與它如何在大腦裡發展。比方說，一項科學研究結果發現，人類天生具有自我中心的傾向（也許你對此不會感到意外）。我們透過「情感自我中心偏誤」（emotional egocentricity bias, EEB）看世界，這使得我們假定他人看世界的方式，必然與我們自己看世界的方式雷同，而據此進行決策。這種自我中心的傾向，若發展到極端，會導致各種問題，包括自戀狂、封閉的思想、缺乏耐性、不寬容、僵化刻板、好批判和苛責與自己不同的人。倘若我們認定自己的觀點比其他人的優異或「理所當然」，就會很困難用尊重與關懷看待對方，那麼，雙方自然無法建立起有意義的關係、或進行充分的對話。

　　於是，培養克服這種內在固有的自我中心偏誤傾向的

能力，便是長大成人過程的一部分。幸運地是，我們的大腦中有一個部位，在相互交織的整體腦部系統中扮演的角色，就是當我們的自我中心主義特別強烈時，對我們發出提醒，幫助我們調整思維。它稱作右緣上回（right supramarginal gyrus, rSMG），而正如同你猜想的，它座落在上層大腦。作為一個在整體大腦功能中扮演重要角色的區域，我們可由此看出，兒童大腦的發育不只需要時間，還需要可以形塑同理心的經驗。

右緣上回

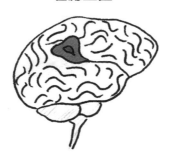

　　當一個人的右緣上回無法正常運作時——或是以孩童的情況來說，當它尚未足夠發育時——他會更傾向於將自己的情感和處境投射在他人身上。好消息是，如同上層大腦許多其他部位，孩童的右緣上回會在成長過程中持續發育，而如果孩童越常使用這個部位，它的功能會運作得越

良好——作法是經常性地關照他人的經驗和情感。再次強調，這是一項可以學習的能力、一種可以被強化的情緒肌肉、一個可以被發展的腦部區域。我們越常思考和實踐同理心，它就會逐日增強。

一項近期的研究鼓勵中學教師用更有同理心的方式對待學生，隨後檢視其效應，結果強而有力地證實了上述論點。也許你已經知道，美國本土的校園輟學率正逐日上升，許多教育研究者想當然正努力設法找出原因。有些人指出，問題來自於懲罰性的（零容忍）管教政策。另一些人則強調，學生們「缺乏自制力」，還有一些人將重點放在過度擁擠的教室與訓練不足的老師。

然而這項研究卻從全然不同的方向來看待問題。他們集合了一組來自加州五所不同的中學的教師，讓他們以間隔數月的時間，完成兩組線上單元訓練，課程內容要求教師們去思考學生們不當行為的成因——例如現今社會動態給青少年造成的挑戰、在他們身體和大腦中的生理或荷爾蒙的轉變，諸如此類。單元課中，教師們會學到有關「學生的學業成績」與「安全、關愛、敬重的教育環境」兩者相關性的科學研究，也會聽到實際的學生案例。課程中同時也強調了，當學生感受到老師的關愛和重視時，情緒狀

態和行為表現都會有正面的提升。

　　你應該能夠猜想得到結果：比起控制組——無論學生的種族、性別、家庭收入，甚至該學生先前是否經常肇事——老師被要求思考學生經驗的對照組，輟學率陡降。事實上，參與過幾乎不需要學區負擔任何花費的「同理心訓練」的這組老師，他們學生輟學的可能性只剩一半！這可是真正能改變社會問題的力量——想想輟學率和許多負面的人生後果的關聯，例如長期失業、甚至犯罪。

　　因此，當我們說同理心能在真正意義上確確實實改變人的一生時，可不是空口白話。還有數不清的科學研究證實了同理心和關懷具有的力量，不只是在孩子身上，對成人也是。例如，研究顯示，假設醫生們表現出更多所謂的「臨床同理心」（clinical empathy），他們的病人會感到更受尊重、對療程的滿意度也會提升。甚至有一項研究結果發現，當內科醫生用帶有同理心的方式解說病情，感冒患者的平均患病時間將縮短一天，並且檢測出更強的免疫反應。尤有甚者，醫生的診斷也會更準確、整體健康成果上升，就連不當診療或誤診率據稱也會下降。此外，醫生們的回報指出，他們認為自己的整體福祉和職業滿足感也隨之提升。

　　這一類跨領域的科學研究為關愛的力量背書，證實了同理心可以降低孩童的侵略性和問題行為，強化整體家庭和婚姻動力，並減少性騷擾和家庭暴力。也就是說，科學強烈地支持你在自己和孩子的生活裡所見到的：關心他人、努力對他人觀點保持覺知會帶來各種正面的結果，加深我們在生命中經驗到的重要性和意義。

　　要徹底體會 Yes 大腦這第四項基礎特質所具有的力量，其中一種方法是，在生活中創造出這種重要的整合經驗。藉由同理心，我們維持住區隔性，同時和他人建立起重要的連結：我們和另一個人分享內在的主觀感受，兩個分別的個體於是成為了「我們」的一部分。人類是社會性的生物，而同理心是在生命中創造整合的有力途徑。道理就是這麼簡單，卻無比重要。

你可以這麼做：促進同理心的 Yes 大腦策略

促進同理心的 *Yes* 大腦策略 #1: 校準「同理心雷達」

　　幫助孩童學會關心他人，最佳的方法之一是活化他們大腦內的社會參與系統，好讓他們能夠準備好，透過同理心和關愛的視角去看待事情。我們將這個方法稱作「校準

同理心雷達」。

　　一個活躍的同理心雷達能讓孩子留意到並對焦他人的心理、接收到訊號，不論是語言的還是非語言的。有點類似解讀他人的情緒和心思。可能只是更加覺知到自己主導了對話，或是，就算自己心情不好，也能找到有禮貌的方法與人共處。也可能是，他能看出別人（比方說他疲累的爸媽！）情緒欠佳，而決定要更小心謹慎，注意不踩到別人的地雷。只要啟動了同理心雷達，我們會變得更有覺知，更樂意瞭解他人的心理狀態。從這個覺知的狀態出發，我們能更好地觀察眼前的情況，以便幫助身邊的人更快樂，或是減輕他們的痛苦──當然，在過程中不忘維持適度的自我照顧。

　　有許多方法可以幫助孩子培養這種覺察力、啟動他們的同理心雷達。比方說，像第四章中提到過的，你可以藉由鼓勵好奇心的方式幫助孩子重新定義情境。讓他們練習當個偵探，試著提出不同的問題。當某個同學情緒失控地從操場上跑開，通常我們不假思索的立即反應是：「那傢伙怎麼搞的？」換個方向，我們可以試著鼓勵孩子的好奇心，協助他們重新定義故事情節，只要利用另外一個問句：「我很好奇為什麼他是那種反應？」

　　透過幫助孩子重新定義情境，他們便不會立即落入憤怒的批判和指責，取而代之的是發自好奇心、接受性和善意的疑問。「重新定義」這個簡單的動作，例如上述兩個不同的問句，就能為孩子，與孩子生命中的人們，創造出截然不同的經驗。

　　「角色扮演」是練習重新定義情境的好方法。打個比方，你十歲的兒子氣呼呼地回到家，因為他的同學賈許（Josh）「又」在手球比賽的時候作弊了。這個抱怨你已經聽過不知道多少次，所以你決定試試不同的辦法，和兒子玩一場角色扮演遊戲。你對他說：「我來演你，你演賈許。」扮演兒子的你可能會說：「賈許，你打手球的時候都作弊。你明明知道不可以連打兩次球，你還這樣。壓線的球你還說是出界。」

　　很有可能，你的兒子不知道扮演賈許的他該如何反應，除了回嘴：「不，我才沒有。」但慢慢地，一步步帶著他深入情境，也許你可以激發他去看見，**為什麼賈許老是不遵守規則**。最終你扮演賈許的兒子或許會說：「我什麼都沒贏過，所以有時候才想作弊。」也有可能他會去思考賈許父母的情況。可能賈許的父親老是把文斯・隆巴迪（Vince Lombardi，知名美式足球球員、教練，1913-1970）的名言

啟動同理心雷達

與其批評……

不如教孩子運用好奇心

掛在嘴邊：「勝利不是一切，而是唯一。」這讓賈許變得
過度好勝，無法接受失敗。同樣地，這會需要你大量的引
導和提示，才能幫助你的兒子得到這種洞察，過程也毋需
過度刻意地不著痕跡。但只要能讓他學會採取賈許的觀點，
就等於是給你的兒子一個機會，練習解讀他人的情緒和心
思，並且明白到也許賈許的行為背後自有理由，這會讓孩
子在當下產生更多寬恕，將來則會更有耐心（這也是家長
自己可以運用來解讀孩子行為的好方法）。

　　有些時候，增強孩子同理心雷達靈敏度的最佳辦法，
是將孩子的注意力引導到受害者（或是任何其他旁觀對象）
需要協助的地方。孩童議題中的經典例子是霸凌受害者。
你可以提供假設性的情境，又或者你的孩子真的知道學校
裡某些霸凌的情況。對大多數孩童來說，要對受害者產生
同情心並不困難。只需要一個問句：「她老是被找麻煩，
你覺得她會有什麼感受？」接下來便可以帶領他們去探討，
如果有人被恐嚇或欺負，最好的反應是什麼。同樣的原則
在孩童被嘲笑、排擠，或任何殘酷對待的情境下也適用。
只要協助你的孩子站在對方的位置思考，身處其境時會有
什麼感受，終究能夠啟動孩子的同理心雷達。

　　我們要不厭其煩地提醒，同理心可以在你與孩子的日

常互動中培養。有時你會用更嚴肅的方式與孩子談論同理心。不過大多數時候，你只需利用每天的情境去重複提供體貼人心的機會。有位祖母經常照顧她的孫子。每晚睡前，他們會一起玩「發送平安」的遊戲。她會陪孫子一起說：「發送平安給卡婷卡（Katinka），她今天在學校看起來很傷心。」或是，「發送平安給沒有乾淨水源的人們。」邀請孩子和你一起腦力激盪，想想所有為你們晚餐桌上的食物做出貢獻的人，也是另一個幫助孩子進行超越自身的思考的好方式。仔細考量他人經驗這項行動，為啟動同理心雷達開啟了一個全新的機會。

　　生日和各種假期也讓孩子有機會思考其他人的渴望。我們留意到，近年來生日派對的潮流是，只送卡片給壽星（尤其是孩子大一點了之後）。這當然沒有什麼不對，但相比過去傳統的送禮方式，這種潮流就少了讓孩子練習為朋友思考和選擇他們可能會喜歡的禮物的機會。為祖父母或叔叔阿姨選禮物也是同樣的道理。由家長買好禮物，然後請每個人在卡片上簽名，這種作法要來得簡單太多。但是，讓孩子親自挑選禮物、親手用圖畫紙和膠水製作卡片，令他們有機會思考如何能讓另一個人感到開心。這麼做會大大增加同理心雷達的敏感度。

讓孩子知道責備和批評……

會帶來更多問題。不如試試「用『我』開頭的句子」

促進同理心的 *Yes* 大腦策略 #2: 建立同理心語感

打造同理心的另一種方法，是為孩子提供辭彙庫，幫助他們傳達對他人的關心。畢竟，就算孩子**已經能夠**站在他人立場、認同他人感受，他們往往還未發展出傳達同理心的語言。而我們可以教導他們。

我們可以向孩子介紹有效的情緒溝通基本技巧，例如遇到傷心的人時，在給出建議前，先專注地聆聽。或是教他們一些已經證實有用的方法，像是「以『我』做開頭的句子」（speaking from the I），將話語著重在「我」的感受，而非「你」對我做了什麼。比起「你老是把蠟筆搞丟」，將句子換成「我感到很生氣，你沒有把蠟筆放回原處。」更能產生效果。

同樣的原則也適用於道歉。在你的女兒把她弟弟推進游泳池之後，一句「對不起」當然很好，但是如果你能教會女兒去談及弟弟的感受，這會幫助她展現出更多的關心和體貼。以她自己的語感，她最後可能會這樣說：「我以為這樣會很好玩，我知道你掉到水裡之前來不及先吸一大口氣，我也知道這樣很可怕，我不應該這麼做。」協助她培養出同理心的語感，不只能讓她用更具關愛的方式與人溝通，也能把她的大腦跟同理心「釘」在一起。

讓孩子知道給人建議……

不比聆聽和全心陪伴更有力量

　　當有人傷心難過時，如何傳遞關愛，是我們可以教給
孩子的最重要的同理心語法技巧之一。除了協助孩子留意
到他人的痛苦，我們也要為他們示範，如何用愛的方式回
應。對較年幼的孩童而言，目標放在學習參與他人的經驗
即可。我們有個逗趣的例子：安德魯（Andrew）是蒂娜三
歲兒子班（Ben）的朋友，有天他告訴班，他的狗狗剛過世
了。為了表示同情，班告訴安德魯，他養的兩隻小金魚，
大湖怪（Gitchigoomee）和小海盜（Pirate Pirate）最近也死
掉了。接著班沉默了一會兒，顯然正在努力拼湊爸媽把金
魚沖進馬桶裡時的回憶。然後他問安德魯：「那你家有一
個很大的馬桶嗎？」

　　孩童最可愛的地方之一是，他們總是很願意參與其他
人的經驗。在逐漸長大的過程中，他們會發展出想要用更
有意義的方式助人的渴望。他們第一時間的反應通常跟我
們一樣：給難過的人建議（「你應該……」），或是試著
舒緩對方的痛苦，幫助他們看向光明面（「至少你還有另
一隻狗」）。這些善意的反應證明了孩子的愛心，我們應
該讚美這些善良的動機。然而，我們更希望教導孩子，同
理心其實不是給人建議，或是教人看見不幸中的大幸。同
理心真正的意義是聆聽對方、全心陪伴和分享感受。我們

要教給他們的語彙比較像是：「那一定很難受」和「我不知道說什麼才好，但是我很遺憾發生這樣的事。」

　　在教導孩子（不論年齡層）同理心的說話方式時，我們不需要小心翼翼或期望太高。畢竟，就連成人在自己煩亂的時候，也不一定能有效地表達自己的感受。只要不斷練習，幾乎每個孩童都能養成基本的同理心對話技巧。在孩童發展出同理心語感的初步基礎之後，他們等於是將自己準備好，進入更深刻的人際關係中，也為將來長大後更豐富、有意義的社交生活搭好了基本架構。

促進同理心的 *Yes* 大腦策略 #3: 擴展關懷圈

　　說到培養有同理心的大腦，我們通常想的是教孩子去關心身邊的人：家人、朋友、學校同學等等。而關心周邊人們的渴望和需求這些儘管重要，但是同理心真正的範圍，遠不止是去照顧我們已經認識和關愛的人。一個有愛心的大腦會致力於擴大「關懷圈」（circle of concern），將它覺知與理解的範圍，擴展到與它最直接和最親密的關係之外的人群。

　　有許多不同方式可以擴大孩子的關懷圈。同樣地，大抵上的原則都是讓孩子接觸到他人的內心世界——幫助孩

子覺察他們可能已經或尚未自己注意到的事物。假設你居住的區域正經歷一波高溫熱浪，試著跟孩子聊聊遊民可能會很口渴，許多家中沒有冷氣的人也許會過得很不舒服。接著和孩子一起腦力激盪，那些人是誰，也許你們可以幫上哪些忙。或是下雪的時候，想想有沒有需要幫忙鏟雪或不方便出門購物的鄰居。只要引導他們看見周遭的人的需要，大多數孩童都很樂意得到幫助人的機會。

　　向孩子介紹社會上的人們所面對的掙扎，一個有力的辦法是透過志願性的社區服務。如果你擔心孩子長大之後只活在自己的小世界裡，對外界的真實痛苦磨難毫不知情，可以帶著他們一起參訪遊民之家、長照中心或醫院。同樣別忘了考量孩子的年齡和發育程度，別太早接觸他們還沒有能力消化的事物。親眼目睹是最好的學習辨認和關心他人痛苦的方法之一。一旦這盞覺知的火苗燃起，它會日漸成長，最終用自己的方式發亮。

　　你也可以藉由參與包含了不同社會背景的人群的活動，來幫助孩子擴大關懷圈。也許是幫孩子報名運動團體或其他活動，讓孩子有機會跟來自不同背景和族群的孩子互動。這麼一來，你和孩子都有機會和你們生活圈之外的人交流。大多數城市也有許多國際性社團。或是上不同的餐廳、圖

書館、廟宇或教堂，去結識那裡的人。別像個觀光客探訪陌生地點那般走馬看花，而是帶著平等的人類心態，敞開心胸學習和欣賞世上不同的交流方式。

擴展孩子的關懷圈，沒有單一正確的方法。重點在於隨時留意機會，幫助孩子睜開雙眼看見他人的觀點和需求——除了看見他們已經認識的人，也在你的引導下，去看見他們自己還沒有想到過的人們。

具有 Yes 大腦孩童：教導你的孩子同理心

打造一個有同理心的大腦，起點同樣是幫助孩子站開一步，超越個人主觀地考慮他人的經歷。教孩子「用心去看」是一個很有效的方法。在前面的「具有 Yes 大腦孩童」單元裡，我們說了很多如何覺察自己的反應、看見自己內心的方法。現在我們來談談怎麼看見別人內心的方法。

具有 Yes 大腦孩童：

當你看著一個朋友，你可以看到她外表的模樣。如果你有 X 光機，就可以看到她身體裡面的模樣。

但是你知道，其實你也可以用「心」去看一個人嗎？當你留意到另外一個人的感受時，比如說她正在高興、難過、生氣或興奮，這時候你就是用「心」在看。

當你想用「心」去看某一個人時，仔細去注意他的臉和身體。只從他的身體姿態，你能分辨出他的感受嗎？

這是卡特（Carter）。你覺得他很傷心嗎？答對了。他很傷心，因為學校裡有個比他高大的男孩對他很壞，把他推倒在地上。

卡特沒有告訴羅蒂（Lottie）他很傷心。可是當羅蒂用心去看時，她看得出弟弟的感受，她的心也很痛。

因為羅蒂用心看到弟弟，所以她知道她需要去瞭解一下弟弟的情況。她詢問了他的感受，最後兩人決定一起去問媽媽，弟弟被欺負了該怎麼辦。

下次如果你看到身邊的人正在難過。用你的心去看。留意那個人有什麼感受。如果你能注意到那個人的內心，也許就自然會知道該怎麼做了。

父母的 Yes 大腦：提升自己的同理心

前面的內容要點在於養成孩子的同理心語感，讓他們學會用關心和愛護的語言與人交流，而這也將進一步加深他們為痛苦中的人付出愛和同情的能力。現在我們則要教給身為家長的你一個方法，讓你在生活中看見正在面對挑戰的人時，能夠思索如何回應。有個重要的關鍵是，當你出手去接觸他人的情感時，保持住自我的區隔感。同理心的核心是整合，研究顯示，當我們伸出援手卻不過度認同他人的痛苦，此時，我們才能在付出關懷的同時保持平衡。失去區隔感的情緒共鳴會造成過度消耗或情感關閉，這兩者均會耗竭我們的精力，而難以再幫助別人。

因此，「提升我的同理心」其中一個重要的環節，就是首先培養對自己的同理心。研究者稱之為「自我包容」（self-compassion），我們藉此學習如何善待自己──透過自我支持，而非苛責。當我們在行動中示範出這種自我包容，就是在教育孩子也這樣善待自己。

對自己保持同理心，關乎於正面的態度，而不是缺乏紀律或放任散漫。想想你是如何與你最好的朋友溝通的。你會用開放細心的態度聆聽她，盡力全心陪伴，在提出任

何評斷之前，先試著接納她的說法。你會對她展現善意和包容，不是嗎？善意可以說是一種對他人的脆弱的敬重，設法提供支持，卻不要求回報。同理心是讓我們感知到他人受苦的方法，促使我們去思考怎麼樣才能讓對方好起來，然後採取行動，去減輕對方的痛苦。甚至可能只是對某個犯了錯的朋友說：「噢，我也搞砸過。」或是「每個人都會犯這種錯。」

　　心理學家克莉絲汀・聶夫（Kristin Neff）歸納出自我包容的三個主要面向：覺知（mindful）、關愛，與知道自己屬於一個更大的整體。用心耕耘這三個對自己付出同理心的要素，你就能將你內在滋長出的善良和包容教給孩子。難道你不希望，你的孩子和他自己的關係，就跟他和最好的朋友之間的關係一樣地充滿關懷和支持嗎？這是 Yes 大腦狀態創造出對自己的同理心的方式，受用一生。

從 Yes 大腦的角度：
重新思考成功

對孩子的生命而言，什麼是成功？當你思索這個問題時，腦中浮現的想法是什麼？這整本書的內容，闡釋了我們所定義的「Yes 大腦式的成功」，它奠基於幫助孩子活出他們真正是誰，時時在一旁提供指引，讓他們學會掌握平衡力、韌性、洞察力和同理心的技巧和能力，並由此和世界互動。等到孩子學會用開放和接納的態度看待人生經驗、隨時歡迎新的機會和挑戰、珍視好奇心和冒險、在穿越逆境之後更完整地認識自己、知曉自己的力量和熱情，通過這一切的種種，那如假包換的「Yes 大腦式的成功」才會來臨。

姑且讓我們先現實一點。那可不是當今主流社會對成功的定義。許多家長和校方對成功的看法和上述截然不同──他們對成功的定義並非由內而外，純粹是外部價值。我們在現代社會與學

校系統創造出的環境，充滿了節節近逼的失敗與不足感，往往讓孩子被僵化、以恐懼為基礎的 No 大腦狀態占據，讓他們認為：「我所**做**的事、我達到的**成就**，是衡量我個人價值的唯一有效標準。」這是 No 大腦式的思考，因為它生硬地阻斷了任何對非主流的、探索性質的觀點敞開的可能性，而這些觀點帶來的也許不只是不同的旅程，甚至可能改變目的地本身。然而 No 大腦式思考的結果是，既沒有平衡力與韌性，也沒有洞察力或同理心。

　　我們不贊同這種 No 大腦式的思考方式，**不是**因為它終將招致失敗。在現實的層面上，專注追求外在成就是有機會可以創造出許多外在「成功」的，尤其是當我們採用當今許多人的標準時：優異的學業成績、運動表現、藝術成就、受到老師或長輩喜愛的程度。這些對成功的外部衡量標準、這些看得見的目標，之所以能夠帶來這類型的成就，是因為它讓人們投入大量時間精力遵守規則、忙於按照線框著色，而不是去大膽冒險、嘗試新奇的事物，走上發現我們真正是誰的旅程，找到生命中為我們帶來喜悅與滿足的事物。呆板地依附常規慣例、緊守現況，通常是最能確保贏得老師或權威人物寵愛的生存之道。

　　毫無疑問，得到老師給的冠軍金牌，可不是我們想為

孩子設定的最高目標。換句話說，我們的核心目標不是要讓孩子變成取悅別人的乖寶寶，尤其是當乖寶寶即意味著丟失來自於探索、想像力、好奇心與所有其他 Yes 大腦的冒險特性所帶來的意義和興奮感時。當然我們不免還是希望孩子在學校和其他活動裡能夠表現良好，正如同我們想要教會他們和他人相處的社交技巧，以及在不同情境中都能泰然自若的能力。但就終極的層面而言，冠軍金牌和取悅別人並非生命的重點——無論是對那些被送往菁英預備學校、競爭激烈的孩子而言，或是對那些條件不完善、在教育系統中勉強存活、覺得失落和被遺棄的孩子而言。我們不希望孩子在作出重要的人生決策時，是基於這樣的外在動機。

難道我們不會更想要讓孩子發現他們是誰、找到對他們而言最重要的事物、知道什麼才會為他們帶來滿足，給予他們意義、連結、平靜，讓他們真正地感到幸福快樂？沿途上他們還是可以達成耀眼的成就，而且是的，他們還是有機會得到不錯的物質收入和名聲。不過他們的動機將是來自內在，而不是為了取悅你或生活中的其他人。

而我們該如何幫助孩子在生命中創造出這種奠基於真實與內在本質的成功？以我們的觀點來看，起點始於認可

和尊榮孩子本來的樣子。每一個孩子都有一道內在火花——它是孩子獨特的氣質和許多人生經驗的綜合體——而我們想要去增添那道火光，幫助孩子變得更快樂、健康，由內在產生動力，去成為「最好的他們」。No 大腦狀態導致的制式反應會阻斷孩子的好奇心，威脅孩子的內在火焰。Yes 大腦狀態則恰恰相反，它創造出孕育彈性、韌性和力量的條件，因此讓人的內在火焰得以熠熠生光。

希臘人的至福：榮耀內在的火光

談到內在火花，讓我們回顧一下古希臘人對至福（*eudaimonia*）的概念，它指的是一個充滿意義、連結和祥和的人生。這個希臘文單字本身就述說了一個 Yes 大腦的故事。它的字首「*eu-*」意思是「真實」或「美好」。而字根「*daimon*」指的是每個人都有一個真實的內在火花或自我，作家伊莉莎白‧萊瑟（Elizabeth Lesser）形容這種內在本質「強大而且明亮」、是「每個人內在獨有的特徵」。身為父母，我們可以成為孩子的「*daimon*」的守護者，護持他或她獨一無二的火光。當「*eu-*」和「*daimon*」兩者結合在一起，就成了「*eudaimonia*」，它意味著因為認可和榮耀我

們獨特的內在本質，而帶來的真實美好的生命。

　　難道你不希望你的孩子在長大成人的旅途上，最終能夠品嚐到隨著對內在本質的覺知而來的一切體驗嗎？如同萊瑟所說的：「那些與自己的內在真實有所接觸的人都具有類似的特徵。他們的溫柔與堅強具有同等的分量。他們不過度在意他人的眼光，但同時又十分關懷他人的福祉。他們與自己的接觸如此深刻，因而能對每一個人敞開。」多麼美的描述，這正是 Yes 大腦式的成功。（幾乎就像是在說 *eudaimonia* 這個字就是希臘文的 Yes 大腦！）

　　Yes 大腦的教養方式是一種與每一個孩子同在的方式，幫助孩子發展出與內在本質保持聯繫的方法，培養真正的內在方向感。借用萊瑟充滿智慧的說法，一個已經對這份內在指引發展出強烈覺知與敬重的人，「會自然體驗到一種安適感，沒有虛偽矯飾，沒有多餘的舉動，一種完整感」。想像一下，如果你能在你的教養之中為自己架穩根基，自信地在孩子面前真誠地向他說出：「最終，你會連你的每一個大腦細胞都深深知曉，這世界上你最能信賴的，就是你的真實自我。」

　　這是 Yes 大腦式的賦予孩子內在力量的方法，這股內在力量能夠孕育出一份真正的內在指引——希臘式至福狀態。

倒不是說那道內在的火光是一個固定的實體；世上沒有一個人的內在本質是恆常不變的。重點是，去擁抱這個想法：人生是可以帶著專注在內在動機、與因為在內在真實地經驗到活著這件事而產生一股敬重感，在這樣的態度中生活。這一份與真實的內在本質之間的連結，這一種生活在希臘式至福中的狀態，讓人生充滿了意義、連結與祥和。意義代表了我們知道什麼是真正重要的。連結代表了我們開放地與他人溝通，也與自己溝通。而祥和意味著我們具備平衡情緒的能力，擁有全方位的情感，在豐富的內在活動和人際生活之中取得平衡，這樣的人生創造並擁抱了我們是誰、與我們可以成為誰。

Yes 大腦教養法有助於發展由內而外將孩子準備好的成功人生，讓孩子對自我的內在歷程擁有深刻的覺知，這份覺知會指引他們認識屬於自己的意義與價值。重要的是，看重內在的旅程勝過專注外在的目的地、珍視歷程大於終點，鼓勵有原則的努力與探索，而

我們需要幫助孩子去發現他們是誰，好讓他們不只是得到成功，還是用一種源自於他們內在、與他們的天賦和渴望相符的方式，得到成功。

不只是外在可衡量的成就。而如果我們將一體適用型的成功定義強加在孩子身上，上述一切都不可能發生。相反地，我們需要幫助孩子去發現他們是誰，好讓他們不只是成功，還是用一種源自於他們內在、與他們的天賦和渴望相符的方式，得到成功。

重新定義成功

現在，想想你的孩子。你希望他們最終得到什麼？所有的父母都希望孩子快樂和成功，但這句話到底意味著什麼？外在獎勵跟冠軍金牌當然沒有什麼不對（例如考試高分、音樂獎狀、運動成績等等形式）。但我們關心的是，它們可能代表了某種較為偏狹的成功觀念。我們已經見過太多父母只專注在追求冠軍金牌這類具體成績，因此錯失與孩子連結，以及為孩子培育 Yes 大腦內在方向感的機會，導致孩子只知道按照別人的期望生活。我們憂心，錯失了培育 Yes 大腦的教養，有時可能要付出不少代價。

正因為如此，我們主張放寬對成功的定義。不消說，Yes 大腦式的成功為外在成就和冠軍金牌保留了空間，但更重要的是將長遠目標銘記在心：幫助孩子以平衡力、韌

性、洞察力和同理心為基礎，發展出他們的內在方向感。
最終是要幫助孩子發展出整合和連結良好的大腦，讓他們
在生命中擁有豐富的人際關係、有意義地與世界互動，與
平衡的情緒。換個方式說，Yes 大腦絕不會阻擋你的孩子
獲得成功或是表現優異。

Yes 大腦式的成功為外在成就與冠軍金牌保留了空間，但它不僅如此。最終的意義在於幫助孩子發展出整合和連結良好的大腦——一個 Yes 大腦——讓他們在生命中擁有豐富的人際關係、有意義地與世界互動，與平衡的情緒。

但是它可以避免許多由 No 大腦模式造成的代價和負面效應，無論是短期的（像是更多焦慮、制式反應，諸如此類）或長期的（較差的平衡力、韌性、自我瞭解和同理心）。它專注在過程上，而不是某個外部強加的目標上。
有時這些外部強加的目標甚至可能並不符合孩子真正的本
質或渴望。

　　既然你已經讀到了這裡，我們猜想 Yes 大腦這個概念對
你也許還算有吸引力。很有可能，你很關心孩子能否發展
出健康的自我感、創造深厚關係的意願和能力、對周遭人

們的關心、應付人生中無可避免的痛苦挫敗的韌性、對「做對的事」的渴望、活出生命的意義、重要性甚至冒險精神。也就是說，你想要為孩子的內在火花增添柴火，好讓他們能去發掘為他們帶來喜悅與滿足的事物，知道如何才能將他們獨有的天賦和能力發揮得淋漓盡致。這才是真正的成功。

我們從養育自己孩子的過程、加上每年與數千名父母交流的經驗中得知，我們都很容易受到另一種截然不同的成功定義所引誘。就算你百分百堅定想要以 Yes 大腦角度實行你的教養，你可能還是會發現自己受到同儕和恐懼許多影響。或者，你可能會發現自己試圖透過孩子完成你的夢想，相信**他們**的成功就是你的成功。在許多族群中，由於高度重視外在表現和成就，導致難以專注在 Yes 大腦式、活出喜悅和意義的教養原則上。譬如說，當孩子還十分年幼時，要談平衡的生活、避免擠爆行事曆、允許許多放空時間還很容易，但隨著孩子長大，我們的優先判斷可能會逐漸受到其他因素侵蝕，像是競爭、擔憂管得太鬆會不會反倒害了孩子、文化常規、周遭親友或校方加諸的期待等。結果，許多家長——甚至是很有愛心、有意識的家長——也都卡在「通往成功的跑步機」（treadmill of success）上，

通往成功的跑步機

強迫自己也強迫孩子和全家人不斷加快步調，去跟上某種
外在規範所定義的成功。

　　於是，不少家長甚至在自己沒有意識到的情況下，開
始採納某些外部基準的、模糊又曖昧的說法（例如，相信
把孩子送到「最菁英的大學」就能**保證**他們未來的成功），
從此逐漸地落入同樣模糊又曖昧的信念（例如，作業越多、
孩子學到的東西越多）。有些家長甚至舉債聘請私人家教

與教練、決不放過每一個可能讓孩子變得更「多才多藝」的機會，以便日後被「正確」的學校錄取。在許多案例中，我們看見這種慾望在孩子一學會走路和說話（有時更早），便主導了育兒的方向，從此，家庭生活塞滿緊密的行程、才藝活動、語言課程、特別訓練、暑期進修，不勝枚舉。呼。看看這台榨乾精力、把人累垮、具有破壞力的成功跑步機！那接下來呢？再把冥想課程塞進已經擁擠不堪的行事曆中，讓孩子學會更好地管理從行事曆上其他鬧鬧騰騰的活動產生的壓力？

　　上面的敘述讓你覺得心有戚戚焉嗎？如果是的話，你並不孤單。各地的父母都因為這種殘酷地驅使他們走向狹隘外部成功的文化和價值觀而感到不堪負荷與精疲力竭。當然，我們可以強調最初的動機是想要保護孩子，然而令人悲傷的現實是，這份善意已受到諸多誤導，結局是家長總是感到困惑，為何他們的孩子缺乏對自我的堅實認知，難以走出去面對世界。這種「通往成功的跑步機」逼得家長和學校（還有那些迎合和餵養家長心中恐懼的商業機構）一步步走向 No 大腦式思維，而這些 No 大腦觀點對表現和成就的看法，卻與研究孩童成長茁壯真正所需的科學結果嚴重脫節。有些托嬰班已經開始給孩子出作業，讓他們為

嚴苛的幼稚園做準備，儘管那個年紀的孩子很多連幫自己的外套拉上拉鍊，或自己撕開兒童起司塊的包裝紙都還不會！

　　無數的專家針對當前社會上「表現優異」的孩子（更別提那些吊車尾的學生了）普遍受苦於焦慮與憂鬱的現象提出許多針砭。過度強調外在成就與動機的結果，對許多孩子來說，童年成為了一段充滿壓力與焦慮的時期，忙於盡力符合父母或他人的期待，而不再是一段自由發展與探索、發掘與成長的時光。許多孩子，就算在班上名列前茅，他們體驗到的也是一種匱乏和不滿，遠非希臘式的至福。當生活中只剩下外在標準的「成功」，他們不知道什麼叫作意義、什麼事真正重要，徒留空虛。如今為數甚多的孩童因為上學和各種活動而感到被壓迫和吞沒，失去了對學習的熱愛、因受教育而得到提升的正面感受、與透過玩樂和探索才能得到的最佳學習契機。投注過多注意力於外在動機，衝擊了全家人的生活，危及到 Yes 大腦與讓好奇心、創造力、學習熱情能夠存續下去的內在火花。這不是誇大其詞，這種壓力確實正威脅著童年，腐蝕掉以「yes」途徑出發的生活態度。

　　在與許多家長們交流的經驗中，我們得知，他們並不

贊同孩子被分派的作業分量，常常覺得孩子功課太多，爆滿的行事曆也讓孩子感到沉重不堪。要做到那麼多事，這種狂熱的、高度競爭性的需求讓家長們感覺不太對勁。科學研究顯示，在超過了某個分量之後，這一大堆的功課除了讓孩子睡眠不足外，幾乎不會帶來什麼好處。然而父母對於離開「通往成功的跑步機」卻心存恐懼。他們害怕自己的孩子會變成唯一脫隊的小羊、失去優勢，這令他們恐慌，因為他們渴望為孩子做出正確的決定、讓孩子得到最好的機會。誠如一位父親所說：「我聽說了這些研究結果，我也想停止我對孩子的要求。但是面對現實吧！我這麼做就好像拿他的未來去賭博，而這是我最不願意下的賭注。」

在這種渴望給孩子最好的、「保護」他們未來權益的意念之下，這些父母繼續填滿孩子的行事曆、讓他們挑燈夜戰，全以「成功」之名。諷刺的是，他們卻沒有供應孩子在發展成長心態、和在逆境中撐過挑戰的毅力時，最需要的事物。與其花時間為孩子創造 Yes 大腦式的經驗，他們寧可去擔心自己沒有為孩子提供一切「最好的條件」，並且認定為孩子做的最好的事就是鍛鍊孩子「精通」某種技能——讀書、運動、藝術等等之類。結果是，孩子的生活

裡不再有空間去玩耍、想像、探索和親近大自然──而這些事物，我們已經一再闡明，恰恰是能帶領孩子通往真正的成功與內在喜樂平靜的事物。

　　蒂娜還鮮明地記得幾年前的一段記憶，那時她驚覺自己正置身於僵化的「通往成功的跑步機」上。就在她和兒子已經該出發前往基督教青年協會（YMCA），參加媽咪寶寶音樂課的時刻，蒂娜發現她的兩歲兒子在客廳玩套套杯（nesting cups）玩得渾然忘我。她開始萌生一股沮喪感，不只是因為她們要遲到了，還因為她意識到自己必須發動一場把兒子與套套杯拆散的爭戰。

　　就在戰爭爆發的前一秒，蒂娜逮住並嘲笑自己這個緊張兮兮的念頭，執著於讓孩子準時進教室「豐富人生」，卻沒有想到她的兩歲兒子早已因為一堆塑膠玩具杯得到許多豐富的感受。於是她放下皮包、脫掉鞋子，在兒子身邊的小地毯上坐了下來。她加入兒子的遊戲，一同為這堆神奇地互相吻合的塑膠物體感到好奇與

總會有些時刻我們不能放任孩子稱心如意，這是當然的，童年時期一個重要的課題就是讓孩子明白不是凡事都能盡如人意。

驚喜，而這個舉動也意味著，那場完全不必要的戰爭永遠不用發生了。不過確實，總會有些時刻我們不能放任孩子稱心如意，這是當然的，童年時期一個重要的課題就是讓孩子明白不是凡事都能盡如人意。這點在本書裡我們已多次提及。但是在這個例子裡，蒂娜沒有理由和孩子起衝突。她和兒子一起在客廳地板上共度的時光，肯定比在 YMCA 的教室裡學唱幾段〈熱鬧的公車〉（Wheels of the Bus）能學到的東西要來得更有價值。

我們倆都甘願坦承，其實我們自己也錯失過好多次這種教養的機會。所有的父母都一樣。有時候是因為太忙，當場注意不到孩子的需求，沒有參與到他們的興趣、沒有去探索他們正在關注什麼、沒有去分享孩子的驚喜和興奮。有時候是因為我們工作得太賣力，為了讓孩子「過得更好」，以至於我們忽略了孩子內心真正的動態，我們投入更多精力在「作為」上，而不是「陪伴」，忘了考慮孩子實際上需要的是什麼。在蒂娜這個例子中，她做到了自我檢視，然後走下跑步機。因而她贏得了與兒子的連結，這是如果她以熄滅孩子內在的好奇心火苗為代價，決意執行行事曆上的計畫，將不會得到的親密。

就算是孩子再大一些，把他們的童年投注在無止盡的

大提琴課、排球特訓、課後補習，而不去注意孩子就只需要當個孩子、好好玩耍的根本需求，仍然會換來慘痛的代價。他們的好奇心與熱情往往會受到限縮，開始封閉，而不是因為滋養與鼓勵而在童年時期持續湧現。儘管家長是出於好意，這些額外的課程和活動最終卻常為大腦與心智的發育帶來不良後果，限制了真正的探索、成長、使命、快樂和自我認識。家長投入的努力以完全意料之外的方式帶來相反的結果，導致孩子開始憎恨本來可能可以享受並有所表現的活動。

　　為什麼那麼多充滿關愛、用心良苦的家長會做出這樣的行為？其中一個理由是，外在目標是看得見的；它可以用具體的方式衡量。我們能從其中得到某種支配感，心理學家稱之為能動性（agency），作為生活中抉擇和行動的力量來源，而這會讓我們感到被灌注了力量。有了外在目標，我們就可以選擇一個方向，讓孩子對準這個目標，然後看我們是不是帶著孩子達到了那個目標。至於內在目標──培養調節情緒的能力和韌性；帶領孩子覺知到內在世界；激發對好奇心、同理心與創造力的渴望；鼓舞洞察力與對他人的關心──皆屬於孩子的內在特徵，往往較難辨認。內在目標縱然是社交和情緒智商的關鍵、是創造恆毅力與

韌性的來源，但是它們難以用肉眼看見，更無法用客觀的標準衡量。於是，我們常常選擇較簡便的道路，跳上通往外在成功的跑步機練跑，加入追求外在成就的激烈競爭，從此看不見我們可能永遠也沒有機會明白的內在目標。

什麼是可被衡量的？學期成績平均值。標準化測驗分數。大學錄取通知。這些事物本身並非不好的目標。可是，當我們重視這些東西勝過培養孩子的內在方向感，那麼隨之而來的會是影響深遠、有時極具破壞性的負面後果。舉例來說，如今的青少年遠比過去的青少年更加焦慮、沮喪、充滿壓力。面對著未知的世界，專注追求外在成就的長人過程中，卻未被給予平衡力、韌性、洞察力與同理心等 Yes 大腦技巧，孩子們就像是兩手空空毫無裝備地被推出家門，徒手對抗等待著他們的挑戰。

還是要說，我們並不反對讓孩子們去參加各式不同的活動和課程。才藝活動可以是孩子生活中很重要的一部分。運動、音樂和其他課程可以是孩子培養社交技巧、自律和其他技能，為他們帶來信心和能力的好方法。同樣地，我們也完全不反對取得成就或精通某樣事物，包括爭取優異的課業成績。尤其是當孩子對某項事物格外具有熱情時，我們會鼓勵那份渴望。但是，我們絕不能忘了同時思考這

些問題：「代價是什麼？」與「這是為了我自己，還是為了孩子？」

No 大腦式樣板孩童

　　丹尼爾認識一位年輕男孩——姑且叫他艾瑞克（Eric）吧——他幾乎是個集「No 大腦式成功」缺點於一身的樣板孩童。艾瑞克最近剛從一所頂尖大學畢業，已經闖過所有成功道路上的難關，達成清單上一項又一項成就。他就讀知名預備學校時的平均成績積點（GPA）亮麗搶眼，也有傑出的運動表現，還在春季的音樂劇中擔綱演出。上了大學之後依然優秀，一畢業就立刻得到夢寐以求的高薪工作。

　　在最近一次和丹尼爾的談話裡，他說，他感到迷惘，因為不知道自己到底是誰。縱使受過極好的教育，頂著名校光環，他仍然充滿懷疑；自我探索與發展，仍是他面前的一條長路。成長過程中他拿過無數勳章獎牌——多到可以擺滿辦公室一整面牆——但生命的使命和目的是什麼，這個問題總是能難倒他。

　　艾瑞克其實還很年輕，還有許多時間去發掘屬於他的

希臘式至福、弄清楚他是誰，甚至發展出一個 Yes 大腦。令人遺憾的是如此有才能的年輕人，現在才開始探問這些至關重要的問題，而這些問題的答案才真正能幫助他發展出至關重要的內在品質，以活出愉悅有意義的生命！他尚未建立起內在方向感，感到生活失去平衡。尤有甚者，他缺乏必要的韌性，來支持他穿越在探問自我和身分認同的過程中，掀起的存在性風暴。起初人人眼中前途看好的職業，他甚至看不出自己是否真正想做這份工作，或是有什麼樣的想法跟可能性會讓他感到興奮。

也就是說，無論他年幼時內在燃燒著什麼樣的火苗——任何在情感上或智力上會激起他內在火花的事物——現在只剩一片餘燼，等待著重新被點燃。傷心的是，他的父母只在乎外在成就，並不重視艾瑞克的內在經驗。他們在艾瑞克的童年和青少年時期，幾乎不曾提供過 Yes 大腦觀點的教養。艾瑞克心裡的火苗在他規規矩矩地「達標」，拿下一次次表面成功的過程中，不知不覺熄滅了。如今他剛踏入一個不知希臘式至福為何物的成年期。他知道如何迎合他人，卻沒有能力引導自己找到**對自己**有意義的事物。重視輕易就能衡量的外在價值和成果的代價，是用**犧牲**真正能帶領人收穫持久的個人成功的內在價值換來的。

　　再次重申，艾瑞克得到的「成功」本身並沒有任何問題。我們並非要遊說大家反對專心工作、良好的讀書習慣或菁英學校。我們只是要說，學業和職業上的成就，只代表了成功的**一部分**，是一個可以在不去發展真正快樂和有意義人生的情況下實現的狹義版本的成功。

　　更糟糕的是，這種類型的成功很有可能跟你的孩子真正是誰並不相符。我們都聽說過這種典型的故事：好勝心強烈的父親強迫沒有運動細胞的兒子從事運動，即使兒子真正喜歡的是音樂或戲劇。就算孩子明顯地對其他目標更感興趣，也要將某種學業或職涯的願景強加在孩子頭上，結果帶來的問題難道就比較少嗎？倘若你的孩子在青春期時熱衷於學業，那麼請盡其所能地尊重這股熱情。但在這麼做的同時，別忘了為他準備健康大腦餐盤，幫助他維持平衡。也請細心留意，協助孩子發展出關於他或她是誰的所有不同面向，以及他或她的 Yes 大腦。

用以描述諸如紀律、成就、成功等概念的參數需要被重新提煉，才能傳達出如今我們已知對大腦和兒童的最佳發展而言，最重要的面向。

　　所以我們認為，用以描述諸如紀律、成就、成功等概念的參數需要被重新提煉，才能傳達出如今我們已知對大腦和兒童的最佳發展而言，最重要的面向。當代的研究結果堅持的論點是，真正的心理健康，像是隨著 Yes 大腦而來的幸福和圓滿，並非來自刻板的專業化，而是來自發展出多元的興趣和追求，因為多樣性會刺激和發展大腦的不同部位，隨著孩子的內在發育，促成不同神經元連結的滋長，而讓整個大腦成長和成熟。從 Yes 大腦的立場出發，將得到最優化的成長。

最後一個關於 Yes 大腦的問題：你為孩子的內在火焰添加柴火了嗎？

　　你已經讀到了這本書最後的幾頁，現在，花幾分鐘的時間沉思：你們家庭中的日常互動，支持與鼓勵孩子的 Yes 大腦到什麼程度？問自己下面這幾個問題：

- 我是否幫助孩子發現他是誰，和他想要成為的樣子？
- 孩子參與的活動能否保護和增進他個人的內在火花？這些活動會為他發展平衡力、韌性、洞察力和

同理心的過程帶來貢獻嗎？

- 我們的家庭行事曆看起來如何？我有為孩子留下足夠的空間，好讓他自由學習、探索、發揮想像力，還是我們用瘋狂的步調前進，孩子得不到放鬆、玩耍、好奇、創造和「只當個孩子」的機會？
- 我是否太過強調成績好壞和個人成就？
- 我是否對孩子透露了「他所做的事比他是誰還要重要」的訊息？
- 我和孩子之間的關係是否因為我不停地督促他做得更多更好而漸漸磨損？
- 對於我們會討論、關心、投入時間精力的事物，我和孩子之間就這些價值觀本身的溝通方式是如何呢？
- 我和孩子的溝通方式，是否能幫助增長他個人的內在火花？還是我撲滅了它？

　　這些都是貫穿本書、關於 Yes 大腦的實踐性問題。問問自己，平常我們把錢花在哪裡、我們的行事曆看起來什麼樣子、我們最常就那些議題與孩子辯論，得到的答案常常能呈現出我們以為自己所重視的、和我們實際重視的兩

者間的差異。假如你也跟大多數的家長一樣，你會發現，有些時候你成功地增強了孩子的內在火焰，刺激他們發展出強壯的 Yes 大腦，但另外一些時候，你們的日常家庭互動可能難以支持那些火花，甚至可能會危及到火花的存續。

在我們看來，歸根結底其實很簡單（儘管不見得容易做到）。要想幫助孩子培養出 Yes 大腦，終歸只有兩件事：

1. 允許每一個孩子完整地活出自己真正的樣子，而不強加我們自己的需要、欲望和計畫在他們身上。
2. 用心留意孩子需要我們協助他們培養成長茁壯所必須的技能和工具的契機。

如果我們可以致力於這些目標──敬重每個孩子的內在火焰，並且教導他或她必要的能力，以建立起內在方向感和生命中的成功──我們便能打造出一個環境，滋養出充滿幸福、意義和重要性的人生。一個 Yes 大腦式的人生。

終究，這才是希臘式至福和真正的成功之所在：給你的孩子機會去知道他是誰，讓他們追隨內心的渴望與熱情，活出豐富完整的生命。幫助他們培養出能力，平衡地生活、

堅韌地面對困境、理解自己，也關心他人。平衡力。韌性。
洞察力。同理心。這些是因為養成 Yes 大腦而有可能產生的
特質。如果你能支持孩子發展出這些能力，就等於是在他
們朝向真正成功的旅程上豎立一座燈塔。他們還是會遭遇
屬於他們的掙扎——畢竟我們正在談論的可是人生——但
是當困境真的來到面前時，或大或小，他們都會因為清楚
地認識自己、知道自己相信什麼，而有力量去掌握應對的
能力。

　　我們最深切的希望是，你能夠經驗到 Yes 大腦教養法給
你帶來的力量，去創造出與孩子間的連結與交流，支持他
們培育出足以受益一生的韌性和內在力量。當這種 Yes 大腦
式的處世態度一再受到鼓舞，你的孩子將會發展出希臘式
至福與內在方向感、覺知到自己的本然天性，而這會為他
們的熱情與面對挑戰時的堅持精神貫注能量。

　　直到有一天，孩子們因為明白到，生命的意義與深刻
的連結來自於幫助他人，而產生了使命感（每個孩子都有
自己獨特的方式去得知自己的使命，使命也會隨著不同的
人生階段而改變），這份使命感，將會更深地強化他們的
Yes 大腦心態。Yes 大腦教養法不只對孩子本身的生活有益，
也能為他們將來與他人間的互動關係帶來好處，多麼棒的

雙贏組合！但願所有這些想法，也能在你為人父母的路途上，幫助你長養出同樣的力量與內在方向感。敬請享受這趟旅程！

謝辭

來自丹尼爾的感謝：

　　謝謝蒂娜，和妳一起寫書總是很愉快。妳和史考特（Scott）、還有卡洛琳‧韋爾奇（Caroline Welch）和我，作為合作過許多不同計畫的四人團隊，我們一起發想出許多點子，然後整理出細節，對於這些美好的合作經驗，我深深感激。

　　我的兒子艾力克司和女兒馬蒂，如今他們都二十多歲了，我是如此深刻地感謝我們之間的連結。謝謝你們的好奇心、熱情和創造力，為我的 Yes 大腦教養法的精髓點亮了一盞明燈。

　　謝謝我的人生和事業夥伴，卡洛琳，我永遠為我們的關係心懷感激——我們 Yes 大腦式的攜手相伴將會在我們一

起成長的人生路上持續地啟發我、支持我。借用愛爾蘭人的話來說，和妳一起共享那麼多樂趣（*craic*）簡直是太棒了！

　　如果沒有第七感研究中心（Mindsight Institute）團隊的支持、奉獻和機智，這項工作根本不可能完成。謝謝迪納・馬歌琳（Deena Margolin）、潔西卡・崔爾（Jessica Dreyer）、安德魯・舒爾曼（Andrew Schulman）、普里希拉・維加（Priscilla Vega），與凱拉・紐坎爾（Kayla Newcomer）。你們每一位都是這份團隊工作裡不可或缺的一分子。與你們一起，我們將人際神經生物學領域裡跨學科的研究途徑，轉換成能夠提升洞察力、同理心和整合等第七感元素的實際應用方式，為打造人們內在世界和人際關係中福祉的基礎，帶來許多助益。

　　謝謝我的母親，蘇・席格（Sue Siegel），妳透徹的智慧、幽默和韌性，讓我們都深受啟發，也一向是我自己 Yes 大腦生活法的養分來源。也謝謝岳母貝特・韋爾奇（Bette Welch），謝謝妳將如此堅強又有活力的 Yes 大腦女兒帶到這個世上，在人生這場狂野的旅途上，她是我和孩子、還有整個第七感研究中心源源不斷的願景來源和支持。

來自蒂娜的感謝：

謝謝丹尼爾，和你一起完成這項重要的工作，我深感榮幸。你永遠是我珍視的老師、同事和朋友。我感激你和卡洛琳、與史考特和我一起共度的時光，我珍視與你的友誼，就如同我們充滿意義、樂趣和生產力的專業合作關係。

謝謝班、路克和 JP，你們獨特的心靈和智能、幽默感、熱情和火花，為你們的父親和我，以及整個世界帶來了那麼多喜悅。就算是生活中比較辛苦的時刻，你們的 Yes 大腦是如此具有感染力，你們三人全都為我帶來光明，激勵我向世界說「好」（YES）。你們讓我對這個世界的愛增加了許多。

謝謝史考特，你活出了平衡力、韌性、洞察力和同理心。我知道兒子們將來也會是很棒的父親，因為他們從你身上得到了榜樣。我萬分感激你為我們付出的深厚的愛、還有我倆之間仍持續成長的關係。謝謝你在我身上、在這些寫作計畫上、和我們共同合作的工作上的投入。

謝謝我在歸屬感中心（Center for Connection）的工作團

隊，為了幫助許許多多家庭，我們一起做了重要的工作，帶著求知慾與許多錯綜複雜的情況搏鬥，我衷心喜愛並感激你們為我帶來的教導和靈感：安娜莉絲・柯戴爾（Annalise Kordell）、艾許莉・泰勒（Ashley Taylor）、愛莉・波恩・施賴納（Allie Bowne Schriner）、安德魯・菲利普（Andrew Phillips）、艾拉・道恩（Ayla Dawn）、克莉絲汀・崔亞儂（Christine Triano）、克萊兒・潘恩（Claire Penn）、黛博拉・布克沃特（Deborah Buckwalter）、德布拉・荷莉（Debra Hori）、伊絲特・昌（Esther Chan）、法蘭西斯柯・翠絲（Francisco Chaves）、喬琪・懷森－文森（Georgie Wisen-Vincent）、婕諾・安費斯（Janel Umfress）、珍妮佛・遜・勒佛斯（Jennifer Shim Lovers）、強尼・湯普森（Johny Thompson）、賈絲汀・瓦倫－坎恩（Justin Waring-Crane）、卡拉・卡杜莎（Karla Cardoza）、梅蘭妮・朵森（Melanie Dosen）、奧利維亞・瑪婷涅茲－赫格（Olivia Martinez-Hauge）、羅賓・舒茲（Robyn Schultz）、塔米、米勒德（Tami Millard）、蒂芬妮・荷安（Tiffanie Hoang），以及最後，特別感謝傑米・翠絲（Jamie Chaves），在梳理本書概念的過程中，教導我有關感覺處理（sensory processing）方面的知識，與它對調節神經系統的重要性。我也感激以下與我

志趣相投的同事們，在我個人的成長上，我總是向他們尋求支持，他們惠予我智慧捷思、幽默和熱情，一同幫助許多家庭改變對兒童心理的看法：夢娜・德拉胡克（Mona Delahooke）、康妮・麗拉絲（Connie Lillas）、婕妮斯・騰布爾（Janiece Turnbull）、雪倫・李（Sharon Lee），以及重要前瞻協會（Momentous Institute）裡的女士們——蜜雪兒・金德（Michelle Kinder）、海瑟・布萊恩特（Heather Bryant）、珊蒂・諾伯斯（Sandy Nobles）與墨琳・費南德茲（Maureen Fernandez）。

謝謝我的父母和公婆，葛蘭・布克沃特（Galen Buckwalter）、朱蒂（Judy）和比爾・藍西（Bill Ramsey）與傑・布萊森（Jay Bryson），你們總是給我愛和支持，鼓勵我往前。我的母親黛博拉・布克沃特，是我的最佳榜樣，教我活出 Yes 大腦式的生命。我也要向記憶中的父親蓋瑞・佩恩（Gary Payne）表示敬意，他至今仍持續為我帶來深遠的影響。

來自丹尼爾和蒂娜的感謝：

謝謝我們的作家經紀人道格・亞伯拉姆斯（Doug Abrams），他沉穩聆聽與滿心關愛的態度，提供了一個空間，讓我們得以在其中測試想法，然後傳送到全世界。謝謝你，道格，為我們分享這些理念的任務投注了熱情，也謝謝你在這趟美妙旅程上的珍貴友誼！

瑪妮・柯克蘭（Marnie Cochran）是一位見解深刻的編輯，從概念發想到形諸文字，整個過程都熱忱地提供我們支持，幫助我們能用最好的方法呈現出這份共同的作品。謝謝妳鼓勵我們、加入我們，在這份愛的工作中和我們一同雀躍。我們深深地感謝妳，瑪妮。

一如繼往，我們要謝謝梅瑞莉・利迪亞德（Merrilee Liddiard），從我們前兩本書《教孩子跟情緒做朋友》、《教養，從跟孩子的情緒做朋友開始》，到現在這本《Yes Brain! 和孩子一起說好！》，妳的藝術天賦和美感，幫助我們將書中的概念，用更完整豐富的方式傳達了出來，這不是單憑文字可以做到的。非常感激史考特・布萊森（Scott

Bryson）在過程中慷慨地與我們分享他英文教授的專業能力。也要謝謝克莉絲汀・崔亞儂（Christine Triano）、麗茲・歐森（Liz Olson）、麥克・湯普森（Michael Thompson）就本書前幾版手稿提供的支持與明智的意見。

　　最後，我們要感謝所有在臨床個案和教育工作坊中與我們交流過的家長、兒童和青少年。謝謝你們展露出的接受性和勇氣，願意去看見常常讓我們卡住的 No 大腦式思維，其實可以在努力與指導之下，轉變成 Yes 大腦式的自由。在航向韌性與福祉的旅程上，若不是有幸與你們成為旅伴，這本書根本不可能誕生。

冰箱上的小提醒

《Yes Brain! 和孩子一起說好》丹尼爾・席格與蒂娜・布萊森

- Yes 大腦

o 有彈性、好奇、有韌性，願意嘗試新事物，就算會犯錯也沒關係。

o 對世界和人際關係敞開，幫助我們與他人連結並瞭解自己。

o 發展出內在方向感，將孩子帶往真正的成功，因為它將內在世界放在優先順位，找出刺激孩子整個大腦的方式，令它們發揮出最高潛能。

- No 大腦

o 恐懼和制式反應，僵硬和封閉，擔憂犯錯。

o 傾向於聚焦在外在成就和目標，而不是內在努力和探索。

o 可能會獲致獎狀勳章和外在成功，不過是藉由刻板地

依附常規慣例和現狀所達成，變得善於取悅他人，損害好奇心和喜悅。

Yes 大腦的四大基礎特質

- 平衡力：創造穩定的情緒狀態與調節身體和大腦的能力，是一項需要學習才能得到的技巧。
- o 平衡力讓人進入**綠色安全區**，是孩子感到平靜、能夠掌控身體和決策的狀態。
- o 孩子不高興時，他們可能會脫離綠色安全區，進入激動混亂的紅色警戒區，或是封閉僵硬的藍色陷落區。
- o 透過找到「整合甜蜜點」，家長能創造出平衡。平衡來自於保持恰當的區隔感與連結。
- o **平衡大腦策略 *#1*：**讓孩子盡量睡到飽。
- o **平衡大腦策略 *#2*：**供應健康大腦餐盤──平衡安排全家人的行事曆。

- 韌性：一種有餘裕的狀態，讓我們有力且清晰地穿越挑戰。

o 短期目標：平衡（返回綠色安全區）。長期目標：韌性（擴展綠色安全區）。兩種目標都會帶來從困境中谷底回升的能力。

o 行為就是一種溝通，因此，別只專注在遏止問題行為，去聆聽背後的訊息，幫助孩子建立技巧。

o 有時候孩子需要你「推一把」，有時候你需要讓他們「靠一下」。

o **韌性大腦策略** *#1*：讓孩子沐浴在四個「S」裡 —— 讓他們感受到人身安全、被看見、被撫慰、穩固的心理安全感。

o **韌性大腦策略** *#2*：教導第七感技巧 —— 教孩子轉換觀點，讓他們不再是情緒和環境的受害者。

• 洞察力：向內看與理解自身的能力，然後運用我們所發現的，做出明智的決定，更好地掌握人生。

o 觀眾與玩家：當觀察場上玩家的觀眾。

o 力量就在暫停裡，它讓我們有機會選擇如何回應情況。

o **洞察力大腦策略** *#1*：重新定義痛苦 —— 問問孩子：「兩

邊都是挑戰，你情願選哪一邊？」

o 洞察力大腦策略 *#2*：避免紅色火山爆發——教孩子在爆發之前先暫停一下。

• **同理心：同理心的觀點讓我們深深記得，我們每一個人都不只是單獨的「我」，也是相互交織的「我們」的一部分。**

o 就像其他的能力，同理心可以透過日常的互動和經驗來學會。

o 同理心是去瞭解其他人的觀點，並且有足夠的關懷，願意去採取行動讓事情變好。

o 同理心大腦策略 *#1*：校準「同理心雷達」——啟動社會參與系統。

o 同理心大腦策略 *#2*：建立同理心語感——提供用來傳遞關心的語彙。

o 同理心大腦策略 *#3*：擴展關懷圈——增進孩子對最親近的人以外的人群的認識。

人生顧問〇三五二

Yes Brain！和孩子一起說好！

作　者——丹尼爾・席格、蒂娜・佩恩・布萊森（Daniel J. Siegel & Tina Payne Bryson）
譯　者——王詩琪
主　編——李筱婷
責任企畫——曾睦涵
美術設計——張巖

董事長——趙政岷
出版者——時報文化出版企業股份有限公司
　　　　　108019台北市和平西路三段二四〇號七樓
　　　　　發行專線——（〇二）二三〇六六八四二
　　　　　讀者服務專線——〇八〇〇二三一七〇五
　　　　　　　　　　　　（〇二）二三〇四七一〇三
　　　　　讀者服務傳真——（〇二）二三〇四六八五八
　　　　　郵撥——一九三四四七二四時報文化出版公司
　　　　　信箱——10899台北華江橋郵局第九十九信箱
時報悅讀網——http://www.readingtimes.com.tw
時報出版愛讀者——http://www.facebook.com/readingtimes.fans
法律顧問——理律法律事務所　陳長文律師、李念祖律師
印　刷——綋億彩色印刷有限公司
初版一刷——二〇一九年二月二十二日
初版三刷——二〇二三年一月四日
定價——新台幣三八〇元

版權所有　翻印必究（缺頁或破損的書，請寄回更換）

時報文化出版公司成立於一九七五年，
並於一九九九年股票上櫃公開發行，於二〇〇八年脫離中時集團非屬旺中，
以「尊重智慧與創意的文化事業」為信念。

Yes Brain！和孩子一起說好！：正向思考的大腦：培養具
有膽識、好奇心以及韌性的孩子 / 丹尼爾.席格(Daniel J.
Siegel), 蒂娜.佩恩.布萊森(Tina Payne Bryson)著 ; 王詩琪
譯. -- 初版. -- 臺北市 : 時報文化, 2019.02
288面 ; 14.8×21公分
譯自 : The yes brain : how to cultivate courage, curiosity,
　　　and resilience in your child
ISBN 978-957-13-7719-3(平裝)

1.親職教育 2.兒童心理學

528.2　　　　　　　　　　　　　　108001963

ISBN 978-957-13-7710-0
Printed in Taiwan